# 브랜드

브랜딩 마케팅 불변의 법칙 55

# 아틀라스

# 브랜드 아틀라스

브랜딩 마케팅 불변의 법칙 **55**

앨리나 휠러 · 조엘 카츠 지음

한수영 옮김

시그마북스
Sigma Books

# 브랜드 아틀라스

**발행일** 2011년 9월 1일 초판 1쇄 발행
**지은이** 앨리나 휠러, 조엘 카츠
**옮긴이** 한수영
**발행인** 강학경
**발행처** 시그마북스
**마케팅** 정제용, 김현경
**에디터** 권경자, 김진주, 김경림, 양정희
**디자인** 김세아, 김수진

**등록번호** 제10−965호
**주소** 서울특별시 마포구 성산동 210−13 한성빌딩 5층
**전자우편** sigma@spress.co.kr
**홈페이지** http://www.sigmabooks.co.kr
**전화** (02) 323−4845~7(영업부), (02) 323−0658~9(편집부)
**팩시밀리** (02) 323−4197
ISBN 978-89-8445-479-8(03320)

Brand Atlas: Branding Intelligence Made Visible

* 시그마북스는 (주)시그마프레스의 자매회사로 일반 단행본 전문 출판사입니다.

당신은 누구인가?

누가 알아야 하는가?

그들이 왜 관심을 가져야 하는가?

그들은 어떻게 찾을 것인가?

# 왜 브랜드 아틀라스인가?

현대적인 세계 지도책이 처음으로 모습을 드러낸 것은 1570년이다. 제라더스 메르카토르Geradus Mercator에게서 영감을 받아 아브라함 오르텔리우스Abraham Ortelius가 해상 무역가들을 위한 항해 도구를 제작하기 시작한 것이다. 그는 그 도구에 『세계의 무대 Theatrum Orbis Terrarum』라는 이름을 붙였다. 그 결과 사람들이 어디에 있는지, 어디로 가려 하는지에 대한 이해를 돕는 지도 세트를 제작해야겠다는 아이디어를 토대로 사용자 친화적인 혁신이 현실화되었다.

이와 같은 맥락에서 『브랜드 아틀라스』는 브랜드 환경 혹은 지형을 이해하고 수월하게 항해할 수 있도록 돕기 위해 탄생했다. 전 세계적으로 경쟁은 더욱 치열해지고 있으며, 소비자는 선택의 폭이 엄청나게 넓은 세상에서 살아가고 있다.

빠르게 변화하는 사회는 브랜드에 활기를 불어넣기도 하고, 동시에 도전을 안겨주기도 한다. 새로운 플랫폼과 기술 때문에 브랜드 관리자는 핵심적인 브랜드 기초에 충실할 수 없다. 팀원들은 선택받는 브랜드를 만들고 신뢰를 얻기 위해, 대체될 수 없는 존재가 되기 위해 숨 돌릴 틈도 없이 달리고 있다.

브랜드는 조직의 가장 소중한 자산이다. 브랜드 관리자는 반드시 보이는 결과를 얻기 위해 이 보이지 않는 자산을 잘 관리해야 한다. 이들은 브랜딩의 기본을 고수하는 동시에 역동적인 시장을 포용하고 싶어 한다. 또한 조직에 잘 맞는 툴과 최선의 사고를 추구한다.

8

『브랜드 아틀라스』는 지속가능한 브랜드를 구축하기 위해 3가지 중요한 사항을 보여주기 위한 방식으로 구성되었다. 첫째, 시장 역학관계와 트렌드에 대한 인사이트. 둘째, 브랜드 기본에 대한 이해. 셋째, 최고의 프로세스와 툴, 활동에 대한 접근이다. 『브랜드 아틀라스』의 목표는 간결, 통합, 명료, 이렇게 3가지다.

**간결** 관련 아이디어와 과제에서 핵심만 뽑아내기. 눈에 띄는 그림을 이용해서 개념, 프로세스, 툴에 대해 설명하기. 사람들이 각기 다른 방식으로 배운다는 사실 인식하기.

**통합** 이론가와 실무자에게서 브랜드 구축에 대한 최고의 이론과 관행 포착하기. 브랜드 기초와 시장의 역학관계를 통합하기.

**명료** 직설적이고 간결한 문체로 브랜딩에 대해 알기 쉽게 설명하기. 가장 예리한 사고에 접근하기. 브랜딩의 두드러지는 측면을 전달하기 위해 글과 그림을 함께 이용하기.

브랜드는 성공에 대한 세계통화가 되었다. 신흥 시장, 기업, 지역사회, 개인은 시장에서 월등한 혜택을 얻기 위해 브랜드를 사용한다. 자신의 브랜드를 그 무엇으로도 대체할 수 없는 존재로 포지셔닝하는 일은 제품, 서비스, 규모를 막론하고 공공 부문과 민간 부문 모두가 반드시 해야 하는 활동이다.

9

앨리나 휠러, 조엘 카츠

글로벌소싱

속도

디자인 사고방식

입소문

대화

상호연결성

오픈소스

소셜네트워크

경험

열정

투명성

클라우드

지속가능성

휴대성

크라우드소싱

공짜

장소만들기

선택

# 1
# 역학관계

## 브랜드 환경

당신의 제품, 서비스, 플랫폼, 어플은 진열 공간을 확보하고, 매스컴을 타고, 사람들의 눈에 띄기 위해 힘겹게 싸우고 있다. 더불어 소비자가 알아보고, 시험 사용을 해보고, 사랑할 수 있는 제품임을 증명할 기회를 얻기 위해 노력한다. 브랜드 원칙은 내구성이 강하지만, 그 역학관계는 날마다 변한다. 섹션 1에서는 브랜딩 프로세스를 시작하기 위해 마케팅 역학관계를 어떻게 이용할 수 있는지 살펴보기로 하자. 더불어 소셜네트워크, 오픈소스, 어플, 프리코노믹스와 그 밖의 플랫폼으로 어떻게 브랜드 도입, 확장, 유지를 위한 초석을 다질 수 있는지에 대해서도 자세히 다룰 예정이다.

# 글로벌소싱 Global Sourcing

브랜드, 자본, 상품, 서비스는 끊임없이 지구 위를 이동한다. 의류, 기술, 도구가 여기에서 디자인된 후, 저기에서 생산되어, 모든 곳으로 보내진다. 체코의 기업이 비즈니스 서비스를 해외에서 아웃소싱하고, 해당 서비스 코드는 브라질에서 작성되기도 한다. 글로벌 브랜드는 재료의 원산지, 공장 위치, 생태발자국지수Ecological Footprint, 노동관행을 투명하게 밝히는 방향을 택하고 있다. 아르헨티나 파타고니아의 소비자들은 풋프린트 크로니클Footprint Chronicles 웹사이트www.patagonia. com/us/footprint에 접속해 제품의 원산지를 확인한다. 닛산Nissan 자동차에 붙은 스티커에는 자동차 부품의 원산지가 표시되어 있다.

시장기회, 생산경제의 혜택을 얻기 위한 글로벌 전략을 수립하라. 문화적 차이를 존중하고 정치의식을 키워라. 최종 결산 결과에 주의를 기울이되, 그것 때문에 고객을 잃는 일이 없게 하라.

당신이 지금 타고 있는 코멧 스케이트보드를 구매할 때 지불한 돈은 산림파괴, 해외 부당노동행위, 지나친 자재운반 및 지나친 화석연료 사용을 위해 쓰이지 않는다.

_코멧 스케이트보드

어떤 것이 더 미국적인 제품인가? 본사가 일본에 있고 오하이오 공장에서 생산되는 혼다 자동차의 어코드Accord인가? 아니면 본사는 미시간에 있지만 멕시코 공장에서 생산되는 포드 자동차의 퓨전Fusion인가?

_셰릴 엔센 Cheryl Jensen, 〈뉴욕타임스〉

깨어 있는 자본주의 관행은 수익과 번영이 사회적 정의, 환경보호와 손을 마주 잡고 있음을 보여준다.

_슈브로 센 Shubhro Sen, 깨어 있는 자본주의 연구소 공동설립자

# 속도 Speed

지칠 줄 모르는 혁신으로 비즈니스 환경은 항상 새롭고 낯설다. 오픈소스나 자유경제와 같은 가치, 플랫폼, 모델은 비즈니스 지형을 급격하게 바꾸고 있다. 이 같은 상황은 무어의 법칙Moore's law으로 대표된다. 고든 무어 Gordon Moore는 집적회로의 평방인치6.45㎠당 트랜지스터의 수가 18개월마다 2배씩 증가하리라고 예측했다. 소비자는 기술 변화의 엄청난 속도에 발맞춰나가기 위한 태세를 갖추고 있다. 그런데 브랜드가 뒤쳐져서야 되겠는가? 이제 기업은 소비자의 선택 방식에 변화의 바람을 일으키는 네트워크와 시스템을 포용해야만 한다.

뜨는 기술을 전략에 포함시킬 준비를 하라. 새로운 플랫폼에 성공을 위한 자원이 모자라지 않도록 장기간 가동해온 레거시 시스템에서 예산을 가져와라.

같은 장소에 머물려면 더 빨리 달려야 한다.
_폴 로머Paul Romer

창의력의 끝은 없다.
_고든 무어Gordon Moore,
인텔 공동설립자

10억 분의 1초 동안 눈을 감았다 뜨면 3개의 업데이트, 툴, 위젯, 플랫폼, 브라우저가 등장해 있다.
_제네비에브 주스테
Genevieve Jooste,
소셜미디어 스트래티지스트

기술자들은 모두 무어의 법칙을 깨기 위해 경쟁하고 있다. 뭐? 18개월?
_블레이크 듀치Blake Deutsch

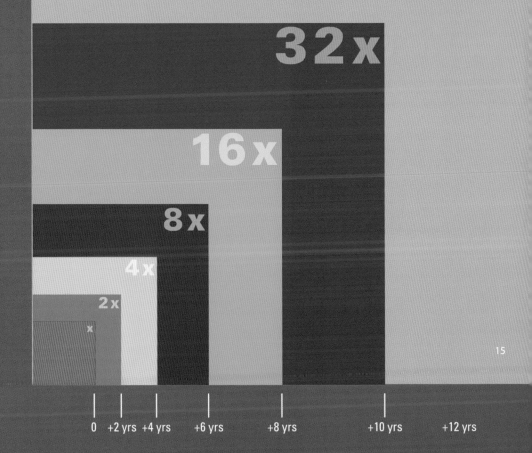

# 디자인 사고방식 Design Thinking

국가, 공동체, 소비자 브랜드에 혁신은 생존을 의미한다. 수많은 알고리즘은 업무를 완수할 준비를 마치고 대기하고 있는 한편, 신흥 시장은 글로벌 시장에서 주도권을 잡기 위해 경쟁한다. 디자인 사고방식은 진보적인 사고를 하는 기업이 제품과 서비스에 근본적이며 지속가능한 혁신을 달성하기 위해 사용하는 새로운 방식이다. 이 프로세스에서는 사용자의 욕구, 욕망, 인식에 대한 깊은 이해가 엔진 역할을 한다. 사업 목표를 달성하기 위해서는 범부서적 차원의 팀이 창의적 사고와 관찰, 빠른 프로토타이핑, 배선형 프로세스를 이용한다.

새로운 근무방식과 사고방식을 시험해보라. 제품보다는 해결책을 디자인하라. 아름다움을 기능 및 공동체와 통합하라. 좌뇌와 우뇌의 기능을 합쳐라.

오늘날 필요한 것은 단순한 분석이 아니라 통합이다. 이제는 큰 그림을 보고 경계를 넘어설 수 있어야 하고, 또한 이질적인 조각을 합쳐서 완전히 새로우면서도 시선을 사로잡는 대상을 만들 수 있어야 한다.
_다니엘 핑크Daniel Pink,
『새로운 미래가 온다』

우리는 지금 비즈니스의 디자인 혁명 출발점에 서 있다. 그 결과 오늘날 사업을 하는 사람들은 디자이너를 잘 이해할 필요가 없다. 이제는 그들이 디자이너가 되어야 한다.
_로저 마틴Roger Martin,
토론토 대학교의
로트만 경영대학원 학과장

만약 상자 밖의 생각을 하고 싶다면, 상자 밖으로 나가야 한다.
_로빈 체이스Robin Chase,
집카 설립자

혁신에서 가장 큰 걸림돌은 확실성을 추구하는 기업이다.
_마티 뉴마이어Marty Neumeier,
『디자인풀 컴퍼니』

**뇌량**

17

**좌뇌**

논리적
순차적
합리적
분석적
객관적
부분을 본다.

**우뇌**

무작위
직관적
전체적
통합적
주관적
전체를 본다.

# 입소문 Word of Mouth

입소문은 쉽게 찾을 수도 통제할 수도 없지만 강력한 힘을 발휘한다. 또한 브랜드에 대해 알아가는 과정에서 사람들이 가장 신뢰하는 통로다. 일례로 한 소비자는 누군가의 부모, 배우자, 고용주, 지역사회 자원봉사자, 블로거, 유권자, 독서회 회원 등 다양한 역할을 소화한다. 그녀는 이메일을 보내고, 블로그에 글을 올리고, 트위터 Twitter를 하며 페이스북 Facebook에 포스팅도 한다. 그러면 세계 각지에 있는 친구 460명이 접속해 게시글을 퍼 간다. 그녀는 좋아하는 브랜드에 대해서 칭찬을 아끼지 않고, 자신을 실망시킨 브랜드에 대해서는 불평을 늘어놓는다. 그녀가 무언가를 말하면 수많은 친구가 귀를 기울인다.

고객에게 이야깃거리를 제공하라. 고객이 자신의 생각을 표현할 수 있도록 적절한 방법을 마련해줘라. 만족한 고객은 당신의 강력한 자산이 된다는 사실을 기억하라.

당신이 자신에 대해 이야기한다고 다른 사람들도 당신에 대해서 이야기하는 것은 아니다. 대화의 핵심에는 제품이 아니라 열정이 있어야 한다.
_『브레인스 온 파이어』

입소문의 90%는 오프라인상에서 이뤄진다. 입소문의 중심에는 서비스를 통해 경험한 내용이 있을 가능성이 크다.
_『브레인스 온 파이어』

모든 입소문의 초석은 신뢰다. 대화를 통제하는 거대한 나쁜 브랜드가 설 자리는 더 이상 존재하지 않는다.
_『브레인스 온 파이어』

소셜네트워크로 인간관계가 변하기 이전 브랜드 대화 Brand conversation란 '기업이 고객에게 일방적으로 말하는 행동'이었다. 하지만 이제는 독백이 아닌 쌍방이 참여하는 진정한 대화로 거듭났다. 고객은 더 이상 보고서에 숫자로 등장하는 얼굴 없는 존재가 아니며, 이제는 브랜드를 구축하는 프로세스에 적극적으로 참가한다. "공유하라, 꼬리표를 달아라, 코멘트를 하라"는 새로운 소비자의 좌우명이나 다름없다. 그리고 오늘날 기업의 역할은 고객의 말을 듣고 반응하는 것이다. 진정성을 추구하는 기업은 일괄적인 목소리가 아닌 인간적인 목소리로 답해야 한다. 이전보다 브랜드는 취약해진 반면, 대화는 더욱 역동적이며 강렬하다. 더불어 고객은 브랜드에 훨씬 깊이 관여한다.

소비자나 이해관계자와 보다 개인적인 의사소통을 할 기회를 얻으려면 블로그와 소셜네트워크에 포스팅하라. 교류를 즐기고, 새로운 대화를 활성화시켜라. 자발적으로 고객과 관계를 맺고 마음을 열어라.

여기에 우리의 삶을 열어야 한다. 포드 자동차도 대화에 참여하는 법을 배우고 있다. 소비자와 교류하는 것만으로도 우리는 그들의 호기심을 활용할 수 있었다. 그 결과 우리의 사고 방식에 변화의 바람이 일었다.

_샌드 라 가르자Sam De La Garza,
포드 피에스타 브랜드 매니저

현재 꿈틀거리고 있는 거대한 혁명으로 사람들은 더 이상 머릿수로 치부되길 원치 않는다. 우리는 기업이 우리를 보고 우리의 말에 귀를 기울이며 한 인간으로 대해주길 바란다.

_크리스 브로건Chris Brogan,
휴먼 비즈니스 웍스 사장

소비자의 목소리는 중폭되고 있다. 전통적으로는 브랜드 매니저와 마케터의 문지기가 대화를 담당해야 했지만, 이제는 모두 옛날이야기다.

_브렌단 머피Brend'n Murphy,
리핀코트 시니어 파트너

과거

현재

21

# 상호연결성 Interconnected

우리가 살고 있는 이 사회에서는 세계화와 동시에 지역화가 진행되고 있다. 또한 가상 세계와 현실 세계가 함께 발전한다. 지연, 문화 정체성, 지속가능성에 대한 강한 신념은 지역 브랜드에 호의적이다. 반면에 규모의 경제, 선택, 시장의 속도는 글로벌 브랜드에 유리하게 작용한다. 오늘날은 빅 아이디어Big idea, 스마트폰, 어플리케이션만 있으면 전 세계 시장에 접근해 브랜드를 구축할 수 있다. 그럼에도 위치의 중요성을 무시할 수는 없다.

브랜드는 고객과 약속을 하고 지역의 필요와 문화에 맞게 제품을 수정해 상호연결성이 중요한 세상에서 살아남아 커뮤니티를 구축하겠다는 생각으로 멀리 내다봐야 한다.

지역 소비자의 필요와 욕구를 이해하라. 지역 문화를 존중하고 제품과 서비스를 수정해 가치를 더하라.

세상은 전반적으로 평평하지만(구글), 때로는 브랜드에 따라 그 길은 달라진다(콜라). 지역의 현실은 상당히 중요하다. 인도의 제너럴 모터스 관계자나 일본이나 중국에서 사업을 시작하려는 사람에게 물어보라.
    _그레고리 P. 세이Gregory P. Shea,
    펜실베이니아 대학교 워튼스쿨 교수

어플리케이션이나 제품을 지역화할 수 있다면, 훨씬 다양한 글로벌 시장에 침투할 수 있을 것이다.
    _타일러 화이트Tyler White,
    아이폰용
    플리커 포토맵 어플리케이션 개발자

지역 브랜드는 홈그라운드의 이점 덕분에 혼자 힘으로 강력한 브랜드를 구축할 수 있다.
    _나이젤 홀리스Nigel Hollis,
    『더 글로벌 브랜드』

# 오픈소스 Open Source

오픈소스는 의미 있는 모험에 자신의 전문성을 발휘하는 열정적인 사용자의 능력에 날개를 달아주기 위해 등장한 혁신이다. 이는 전통적으로 제작자가 전담하던 모델과는 반대로 소비자와의 협력, 창의성, 문제 해결의 모델이다. 반면에 제작자와 사용자, 판매자와 구매자, 피고용인과 자원봉사자 간의 개방 공유에 대해서는 우호적이다. 리눅스Linux는 상호 호혜를 위해 개방적으로 함께 작업해 구축된 뒤 널리 통용된 초기 플랫폼 중 하나다. 원래는 소프트웨어에 국한되었으나, 오늘날에는 민간 부문과 공공 부문을 넘나들며 제품 개발과 혁신 분야에서도 활용된다.

예측가능성을 가능성과 맞바꾸겠는가? 당신의 브랜드 혁신을 위해 오픈소스 원리를 적용할 때 일어날 일을 생각해보라.

오픈소스는 실력주의를 반영한다. 모든 사람이 동일한 정보에 접근할 수 있으며, 최고의 아이디어만이 승리할 수 있다.

**_오픈소스닷컴**

레드햇은 소프트웨어 개발 모델뿐만 아니라 비즈니스 및 조직 모델로 오픈소스의 힘을 사용했다.

**_짐 화이트허스트**Jim Whitehurst,
레드햇 사장 겸 CEO

위키피디아는 21세기의 가장 강력한 비즈니스 모델인 오픈소스를 대표한다.

**_다니엘 핑크**Daniel Pink,
『드라이브』

공유된 사용자 커뮤니티
기업가 – 자원봉사자 – 윤리 – 비영리

공유된 개발 프로세스

창조자 커뮤니티
기업가 – 자원봉사자 – 윤리 – 비영리

문제

25

# 소셜네트워크 Social Networks

무료 형식을 띠고 진화하는 소셜네트워크는 이슈, 사건, 취향과 관련해 계속해서 새로운 집단을 형성한다. 온라인 커뮤니티는 회원들이 포스팅을 하고 자신의 의견을 알리며 사진과 비디오를 공유해 친구와 새로운 아이디어에 접근할 수 있도록 영감을 불어넣는다.

소셜네트워킹을 포용한 브랜드는 부정적인 암류에 귀를 기울이고 충족되지 않은 욕구를 발견해 새로운 시장을 포착하고 새로운 소비자를 만나 신뢰를 쌓으며 반향을 일으키는 메시지를 창조한다. 그렇게 소비자에게 더욱 다가간다.

소셜네트워크가 가져오는 기회를 극대화하기 위해서 즉각적인 커뮤니케이션 전략과 역학관계를 만들어라.

그냥 자신을 믿고, 평소의 자신이 되어라.
_크리스 브로건과
줄리엔 스미스Julien Smith,
『신뢰! 소셜미디어 시대의
성공 키워드』

소셜미디어는 스테로이드에 관한 입소문과 같다.
_마지 고먼Margie Gorman

한 달 동안 페이스북을 일정 기준 이상 사용한 사람의 수는 유럽연합의 전체 인구보다 많다.
_블레이크 듀치

# 경험 Experience

기억할 만한 경험은 고객을 사로잡고 브랜드에 대한 지워지지 않는 인상을 남긴다. 긱 스쿼드Geek Squad는 지루한 컴퓨터 수리 업무를 극적이면서도 영웅적인 만남으로 승화시켰다. 아메리칸 걸 플레이스American Girl Place는 아이들과 부모에게 모두 호소할 수 있는 환경에서 판매에 힘쓰고, 더불어 교육과 오락적 요소를 가미한 결과 아메리칸 걸 인형에 생기를 불어넣었다. 가장 호소력 짙은 경험은 오락, 교육, 현실 도피, 미美를 비롯한 모든 영역을 총 동원하는 것이다. 이런 경험은 긍정적인 소문을 낳고 수입 창출의 새로운 길로 안내한다.

당신의 제안을 더욱 재미있게 만들고 사용자들이 현실로부터 도피했다고 느끼게 만들 무언가를 찾아라. 새로운 경험을 통해 소비자가 배울 수 있는 것은 무엇인가? 무엇이 소비자의 가슴에 당신 브랜드와 계속해서 함께하고 싶은 마음을 심어줄 수 있는가?

상품과 서비스만으로 충분한 시대는 끝났다.
_B. 조셉 파인 2세B. Joseph Pine II&
제임스 H. 길모어James H. Gilmore,
『체험의 경제학』

아메리칸 걸 플레이스는 브랜드 경험의 완벽한 본보기다. 아메리칸 걸 플레이스에는 강력한 철학, 확실한 가치관, 그리고 소비자가 일생일대의 경험을 하게끔 해주고 싶어 하는 설립자가 있다.
_낸시 그린Nancye Green,
도노반/그린 대표

그렇다, 우리는 괴짜다. 그렇다고 당신들이 이해할 수 없는 말만 늘어놓진 않을 것이다. 당신을 데리고 차근차근 걸어가며, 당신이 사용하는 기술이 원활하게 작동할 수 있도록 당신 손으로 작은 일을 할 수 있도록 도울 것이다.
_긱 스쿼드닷컴

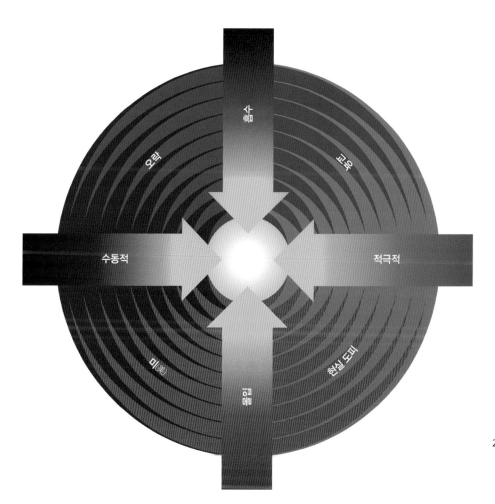

# 열정 Passion

열정을 품고 기술을 포용하면 개인도 무언가를 사람들에게 알리고 사람들과 관계를 맺어 창조할 수 있다. 사회적 기업가*와 게임체인저**는 더 이상 전통적인 인프라스트럭처, 투자, 시대에 뒤떨어진 사고방식에 얽매이지 않는다. 혁신가Innovator와 브랜드 구축가Brand builder는 지구촌을 형성하고 대중의 지혜와 오픈소스 협력에 관심을 보인다. 시장 리더의 강력한 브랜드는 국경, 성별, 인종을 초월하여 공통된 관심사를 토대로 하나의 공동체를 구축한다.

작게 시작하라. 크게 생각하라. 모든 가능성에 마음을 열어두고 열정을 따르라.

열정은 인간의 노력을 몇 배로 만든다. 하지만 열정은 만들 수 없다. 열정은 진정으로 관심이 있는 무언가를 할 때에 비로소 나타나는 것이다.
_매니지먼트 이노베이션 익스체인지
『트라이브』

리더십의 비밀은 단순하다. 바로 자신이 믿는 것을 하는 것이다. 미래를 그리고, 그곳으로 가라. 그럼 사람들이 따라올 것이다.
_세스 고딘Seth Godin,
『트라이브』

모두가 리더다. 성장은 일어나기 마련이다. 그게 언제이건 방해하지 마라. 그리고 납득이 되면 뒤따르라. 누구든 리더가 되게 하라.
_브루스 마우Bruce Mau,
브루스 마우 디자인크리에이티브
총괄 책임자

* Social entrepreneur : 저소득층에게 일자리를 주는 기업가나 기업의 이익을 환경 운동에 기부하는 부자
** Game changer : 일의 판도를 바꾸는 사람

리 더

＋

아 이 디 어

＋

# 투명성 Transparency

투명성은 새로운 프라이버시다. 소비자는 자판만 몇 번
두드리면 제품, 노동관행, 환경기준준수에 대한 정보에
접근할 수 있다. 또한 블로거가 제품에 대한 리뷰를 남
기는 것을 막을 방법도 없다. 입소문은 브랜드를 띄울 수
있는 동시에 무너뜨릴 수도 있다. 소셜네트워크는 즉각
적이며 무언가에 빠르고 정확하게 반응할 수 있는 플랫
폼*을 제공한다. 과거에 기업은 문제를 수습하기 위해
종종 정보의 흐름을 막았다. 하지만 그런 시대는 이미 지
나갔다. 위기에서 극복하고자 하는 기업은 되도록 구체
적으로 정보를 공개하고 공유해야만 한다.

커뮤니티와 고객에게 반응하기 위한 접근법을 회사 전반에 구
축하라. 위기 커뮤니케이션 계획을 세우고, 고위 간부층과 대변
인을 대상으로 위기관리 교육을 실시하라.

명성을 쌓는 데는 20년이 걸리지만
무너뜨리는 데는 5분도 길다. 이 점
을 생각하면 다르게 행동하게 될 것
이다.

_워런 버핏Warren Buffett

평판 경제reputation economy로 더
많은 것이 공개되었다. 오늘날에는
인터넷에 올라온 글을 막을 수도, 무
시할 수도 없다. 이제는 거기에 함께
참여해야 한다.

_클리브 톰슨Clive Thompson,
〈와이어드〉

사람들에게 공유할 수 있는 힘을 줌
으로써, 우리는 세상을 더욱 투명하
게 만든다.

_마크 주커버그Mark Zuckerberg,
페이스북 공동설립자

* Platform : 사용 기반이 되는 컴퓨터 시스템 및 소프트웨어

공공의

사적인

투명한

# 클라우드 The Cloud

클라우드 컴퓨팅*은 정보통신 응용 프로그램을 컴퓨터에서 웹으로 옮긴다. 덕분에 본사 직원, 도쿄 파견 근무자, 아부다비 기술자, 상파울로 컨설턴트가 모두 정보를 공유할 수 있다. 팀 전체가 어디서든 핵심 브랜드 자료를 검색하고 접근할 수 있게 된 것이다. 더불어 정보를 평가하고 협력하는 일도 수월해졌다. 일관성, 민첩성, 민감성, 원활한 의사소통을 중시하는 브랜드는 클라우드 컴퓨팅을 이용해서 필요한 메시지, 절차, 도구를 직원에게 곧바로 전송할 수 있다. 그럼 직원은 세계 어디에 있든 휴대용 기기나 컴퓨터로 받은 내용을 확인할 수 있다.

협력, 프로젝트 관리, 분석과 관련된 브랜드의 필요에 맞는 플랫폼을 선택하라.

여하관리 :: 시뮬라크 미래피

* Cloud computing : 인터넷상의 서버를 통해 데이터 저장, 네트워크, 콘텐츠 사용 등 IT 관련 서비스를 한 번에 사용할 수 있는 컴퓨팅 환경

응용 프로그램과 정보를 개인 컴퓨터나 데이터베이스에 저장하기보다는 멀리 떨어져 있는 서버에 보관하는 것은 최근 컴퓨터 업계에서 일어난 패러다임의 전환이다.

_IBM 스마터 플래닛

상상하라

종합하라

협력하라

측정하라

계획하라

어 디 서 나

언 제 나

# 지속가능성 Sustainability

브랜드를 구축할 때 차이를 만드는 일은 선택이 아니라 필수다. 소비자는 가치를 구매한다. 그러므로 기업은 사회적 책임, 가치 제안, 제품 수명 주기, 환경에 대해서 다시 생각해야 한다. 사람, 지구, 수익을 포함하는 트리플 보텀 라인Triple bottom line은 기업의 성공 측정 방식에 근본적인 변화가 일어나고 있음을 보여주는 비즈니스 모델이다. 새로운 세대의 사회적 기업가는 기업이 사회 변화에 긍정적인 힘으로 작용할 수 있다고 믿는다.

당신의 조직은 어떻게 차이를 만들 수 있는가? 어떻게 성공을 측정하는가? 당신의 소비자는 어떤 가치를 중요하게 생각하는가?

자선 활동이 아닌 사업을 하는 기업은 우리 사회가 직면한 문제를 논하는 데 가장 강력한 힘을 행사한다.
_마이클 포터Michael Porter,
하버드 대학교 비즈니스 스쿨 경영대학원 교수

고객이 신발을 한 켤레 구매할 때마다 우리는 도움이 필요한 아이들에게 새 신발 한 켤레를 후원합니다.
_탐스 슈즈

인권, 안전 등 기준만 충족시킨다면, 어디에서든 제품을 생산할 수 있다.
_버트 제이콥스Bert Jacobs,
라이프이즈굿 공동설립자

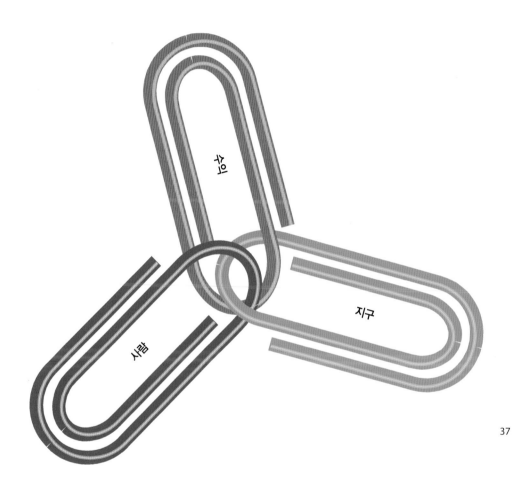

수의

지구

사람

# 휴대성 Mobility

아이폰iPhone, 아이패드iPad, 드로이드Droid를 비롯한
휴대용 기기 덕분에 사용자는 컴퓨터 없이 다른 사람과
이야기를 나누고, 업무를 처리하고, 블로그에 글을 올리
고, 게임을 즐기고, 쇼핑을 하고, 친구를 만날 수 있게 되
었다. 직원들은 회사의 어플 스토어에 가서 업무 환경에
적합한 맞춤 어플을 다운로드 받는다. 또한 판매자는 위
치 관련 어플로 근처에 있는 고객과 의사소통을 할 수 있
다. 더불어 쇼핑 어플로 신제품을 지속적으로 시장에 선
보일 수 있다. 이제 어플은 소비자들에게도 수집할 만한
가치가 있는 대상이 되었고, 브랜드가 관심을 가져야 할
대상이 되었다.

당신의 브랜드에도 어플이 있는가? 당신의 웹사이트는 휴대용
기기를 위해 최적화되어 있는가? 당신의 기업은 휴대용 어플을
근무 환경에서 사용할 준비가 되어 있는가?

포레스터 리서치는 2015년이 되면
휴대용 기기가 미국 기업 네트워크에
서 사용되는 기기의 절반가량을 차지
하리라 전망한다.
_〈블룸버그 비즈니스위크〉

휠윈드는 IBM의 직원용 온라인점포
다. 그곳에 가면 구매 주문 승인 어플
에서부터 회의실 예약 어플에 이르기
까지 다양한 어플을 구매할 수 있다.
_〈블룸버그 비즈니스위크〉

모바일은 새로운 온라인이고, 온라인
은 새로운 오프라인이다! 즉 모바일
은 새로운 광고 네트워크, 데이터 기
반, 제품 스크린, 쇼핑 리스트다.
_폴 케드로스키Paul Kedrosky,
'전염성 탐욕' 블로그

# 크라우드소싱 Crowdsourcing

대형 소비자 브랜드는 브랜드 구축에 고객을 참여시키려고 크라우드소싱을 이용한다. 이들은 고객이 동영상을 제작하고 슬로건을 만들며 세련된 무언가를 디자인하게끔 영감을 불어넣는다. 비영리단체는 마케팅을 위해 공개 오디션 소식을 인터넷에 올린다. 사용자가 만든 콘텐츠는 사용자가 만든 창의성으로 진화한다. 크라우드소싱은 소비자를 더욱 끌어들이고 동기를 부여하기 위해서 온라인상의 협력 문화를 이용한다. 또한 크라우드소싱에는 정직함, 명료함, 신중한 예측, 산출물이 필요하다.

크라우드소싱이 더 많은 고객을 유혹하고 마케팅 인사이트를 얻는 데 도움이 될 것인지, 아니면 브랜드 포지셔닝을 오히려 약화시킬 것인지 생각하라. 또한 PR과 브랜드 관리 기능이 반드시 동시에 이뤄지게 하라.

오픈소스에서는 기여하는 모든 사람이 득을 본다. 하지만 크라우드소싱에서는 기여하는 사람보다 득을 보는 사람의 수가 적다.
_크리스 그램스Chris Grams,
뉴 카인드 사장 겸 파트너

크라우드소싱은 전통적으로 지정된 사람(보통 직원)이 하던 업무를 공개 오디션 형식으로 외부의 불특정 다수에게 맡기는 것이다.
_제프 하우Jeff Howe,
『크라우드소싱』

만약 창의력이 재능 있는 몇몇 사람이 받은 선물이라면, 왜 갑자기 창의적인 사람이 많아졌겠는가?
_패트리시아 마틴Patricia Martin,
『팁핑 더 컬쳐』

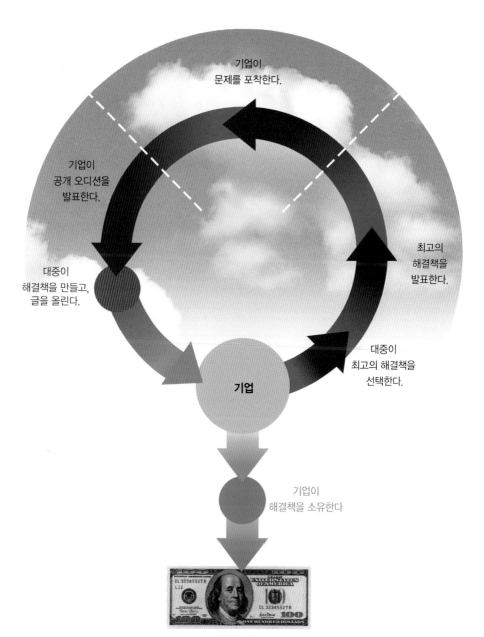

기업이
문제를 포착한다.

기업이
공개 오디션을
발표한다.

최고의
해결책을
발표한다.

대중이
해결책을 만들고,
글을 올린다.

대중이
최고의 해결책을
선택한다.

**기업**

기업이
해결책을 소유한다

기업 수익

# 공짜 Free

공짜 경제<sup>*</sup>는 신문처럼 전통적인 사업을 하는 기업이 직면한 가장 큰 문제다. 조만간 공짜 신문과 경쟁을 해야 하기 때문이다. 구글과 같은 디지털 기업에는 큰 혜택을 안겨주고, 라디오헤드Radiohead와 같은 밴드에게는 큰 도움이 된다. 어쩌면 이를 계기로 기업과 관객의 관계를 다시 설계하고 시장을 다시 정의해야 할 수도 있다. 처음으로 무료 라디오 방송이 시작했을 때, 화폐화 Monetization에 대한 똑같은 질문이 대두된 바 있다. 공짜에 수익성이 있을까? 대답은 'Yes'다. 단, 올바른 공식을 찾는 것이 문제다.

공짜로 제공할 때에도 의도와 전략을 잊지 마라. 공짜로 돈을 벌 수 있는 방법 중 하나는 다른 것을 더욱 가치 있게 만드는 것이다. 아이폰 어플 중 무료라 하더라도 더 많은 기능을 이용하려면 요금을 지불해야 하지 않는가.

사실 공짜와 유료는 별개의 시장이다. 대다수의 경우 이는 위대한 시장과 무無의 차이와도 같다.
_크리스 앤더슨Chris Anderson,
『프리』

예전에는 하나의 마케팅 기법에 불과했던 공짜가 이제는 완전히 하나의 성숙한 경제가 되었다.
_크리스 앤더슨,
〈와이어드〉

살면서 공짜 좋아하지 않는 사람이 누가 있겠는가?
_플링 앱Fring app

* Freeconomics : 'free'와 'economics'의 합성어, 기업이 특정 상품을 소비자에게 무료로 제공하고 실제 수익은 다른 경로로 확보하는 방식

43

# 장소 만들기 Placemaking

'장소 만들기'는 새로운 브랜드 역량으로, 다양한 장소에서 고객의 경험을 창조한다. 고객이 브랜드를 접해 진실한 감정을 느끼게 하고, 그 결과 충성도를 높여 입소문에 불을 붙인다. 애플 스토어에 방문하는 것은 마치 아이패드 안으로 걸어 들어가는 것과 같다. 마찬가지로 레고랜드Legolands, 이매지네이션 센터Imagination Center, 마인드스톰Mindstorm과 같은 레고 포트폴리오에 가면 과학박물관에 있는 듯한 경험을 할 수 있다. 또한 소비자는 유저 그룹 네트워크User Group Network를 이용해 브랜드를 직접 경험한다. 브랜드는 스스로 주장하는 존재가 되어야만 하고, 또한 현실에서나 가상에서나 의도적으로 디자인한 공간을 갖고 있어야 한다.

하나의 플래그십Flagship에서부터 인터넷 등으로 어디에서든 접근할 수 있는 경험 등 포트폴리오에 대해서 생각하라. 어떤 포트폴리오가 당신 제안에 대한 수요를 가장 잘 창출할 것인가?

경험은 마케팅이다. 브랜드는 경험에 대한 약속이다.
　_제임스 H. 길모어James H. Gilmore
& B. 조셉 파인 2세B. Joseph Pine II,
『진정성의 힘』

자신의 주장과 일치하는 존재라는 사실을 보여줄 수 있는 적절한 시간과 장소가 필요하다. 거기에서 소비자가 당신의 제안을 이해하고, 사용하고, 즐기고, 경험할 수 있게 하라.
　_제임스 H. 길모어&
B. 조셉 파인 2세,
『진정성의 힘』

한 장소

플래그십　　플래그십
위치　　　　사이트

경험 허브　　경험 도메인

주요 장소　　주요 플랫폼

파생 존재　　파생 배치

세계 시장　　월드
　　　　　　와이드 웹

편재성

물리적 접근　│　가상 접근

# 선택 Choice

오늘날 소비자는 다양한 제품 중 자신이 원하는 제품을 선택하는 일에 익숙하다. 3인 가정에서 땅콩버터를 구매할 때 아들은 부드러운 제품, 아버지는 땅콩 알갱이가 씹히는 제품, 어머니는 소금이 들어 있지 않은 제품을 선택할 수 있다. 10대는 아이폰을, 대학생은 아이패드를 선호하고, 부모님은 드로이드에 만족할 수 있다. 독특한 특징, 가격, 서비스를 지닌 제품은 자신만의 고객을 매료시킨다. 핵심 브랜드 과제는 각각의 제품 이야기를 극적으로 전달해서 시장에 호소하는 것이다.

당신이 제공하는 여러 가지 선택 사항의 차이를 소비자가 쉽게 알아볼 수 있게 만들어라. 새로운 소비자를 끌어들이기 위한 다양한 선택 사항에 대해서 브레인스토밍하고, 맞춤화할 기회에 대해서 생각해보라.

선택의 폭이 확장되다 못해 이제는 폭발하는 지경에 이르렀다. 아름다운 것이 널려 있고 손만 뻗으면 잡을 수 있는 각양각색의 제품이 있어서 상당히 만족하면서도, 한편으로는 이 때문에 괴로워하는 것이 우리의 모습이다.
  _쉬나 S. 아이엔가Sheena S. Iyengar,
『쉬나의 선택실험실』

대량 맞춤화는 소비자 개개인을 효율적으로 만족시킬 수 있다. 소비자는 하나의 시장이다. 모든 사람은 독특하고, 기꺼이 지불하고자 하는 가격에 정확하게 원하는 것을 받을 자격이 있다.
  _B. 조셉 파인 2세,
스트라테직 호라이즌 LLP 공동설립자

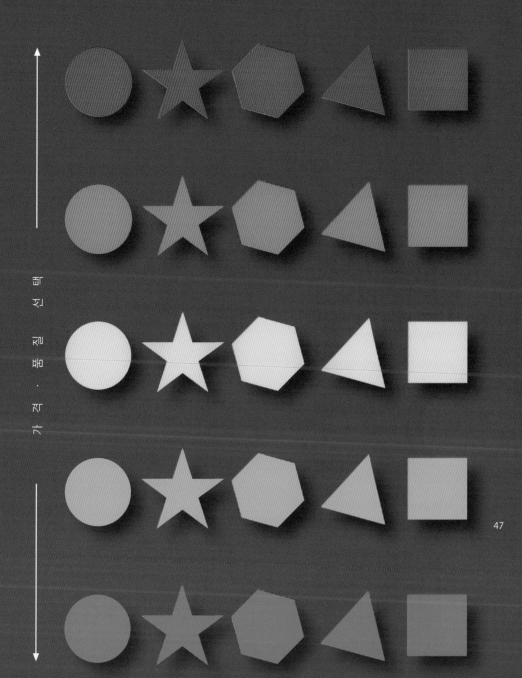

가격 · 품질 선택

스타일 선택

47

# 2
# 인텔리전스

## 브랜드 기본

브랜드 환경은 매일 변한다. 그럼에도 불구하고 브랜드 원리를 이용하면 성공적으로 고객에게 도달하고 동기를 부여하며 욕구를 형성하기 위해 필요한 핵심 전략을 수립하는 데 도움이 된다. 당신이 빅 아이디어의 형태를 잡고 어떤 부분에 호소할 것인지를 결정한 후 포지셔닝을 확실히 한다. 이 브랜드 정체성을 창조하는 과정에서 비로소 브랜드는 의미를 얻고 영향을 미치게 된다. 성공적인 브랜드는 부동산이나 기술과 같은 유형 자산을 초월하는 소중한 자산이다. 그런 브랜드를 창조하는 것은 당신이지만, 브랜드는 당신을 선택한 충성스런 소비자의 마음속에 존재한다.

# 브랜드=정체성 Brand as Identity

기업, 조직, 기업가에게 브랜딩 작업은 단일 활동 중에 가장 중요하다. 봉건제도가 무너지고 자유경제가 들어서면서 사람들의 마음을 사로잡기 위한 전쟁이 치열해졌다. 브랜드는 정체성 혹은 아이덴티티에 대한 기본적인 질문 4가지에서부터 시작해야 한다. 즉 당신은 누구인가? 누가 알아야 하는가? 그들이 왜 관심을 가져야 하는가? 그들은 어떻게 찾을 것인가?

오래 생각하지 말고 다음 질문에 답하라. 당신은 누구인가? 누가 알아야 하는가? 그들이 왜 관심을 가져야 하는가? 그들은 어떻게 찾을 것인가? 그들은 브랜드에 대해 어떻게 생각할 것인가? 브랜딩 프로세스는 이렇게 시작된다.

50

모든 제품 및 서비스 영역에 대한 선택의 폭이 급증하는 상황에서 브랜드는 소비자가 돌파구를 찾을 수 있도록 도와준다.
_스코트 M. 데이비스Scott M. Davis,
『브랜드 자산 경영』

내가 어떻게 나 자신이 아닌 다른 사람이 될 수 있겠는가?
_데이브 매튜스Dave Matthews,
데이브 매튜스 밴드

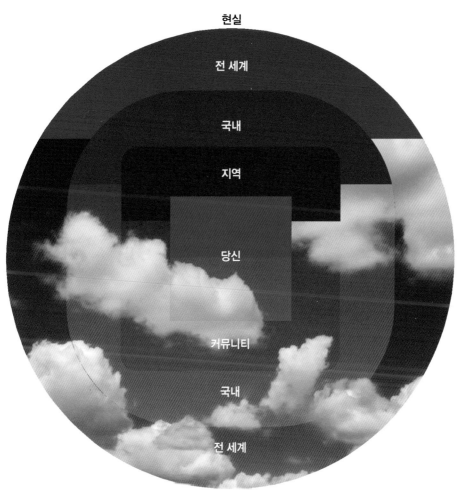

현실

전 세계

국내

지역

당신

커뮤니티

국내

전 세계

가상

51

# 비전 Vision

비전은 용기를 필요로 한다. 빅 아이디어, 기업, 제품, 서비스가 지속되려면 다른 사람들이 보지 못하는 것을 상상할 수 있는 능력과 가능하다고 믿는 일을 행동으로 옮기는 끈기를 지닌 사람이 필요하다. 브랜드를 처음 시작할 때 사람들은 대부분 세상을 더욱 아름답고 편하며 행복한 곳으로 만들겠다는 꿈에 부풀어 있다. 그러다 시간이 지나면 처음의 비전, 의미, 연관성을 되짚어볼 필요가 있다. 이때 받는 충격은 일상 업무는 물론이고 브랜드의 가치 비중, 새로운 이니셔티브Initiative에 동기를 부여하고 영감을 불어넣는 작업 등을 점검하는 계기가 된다. 가치에 부합하는 브랜드는 이해관계를 통합하고 상황이 좋을 때나 나쁠 때나 기업을 움직인다.

당신의 비전 선언문은 이해하기 쉬운가? 오늘날에도 적절한가? 빠르게 변하는 시대에도 조직을 뒷받침할 수 있는가?

이베이eBay의 개척자 커뮤니티는 상거래를 토대로 하고 신뢰로 지탱되며 기회를 통해 영감을 얻는다.
_이베이 미션

우리는 변화를 위해 전 세계적인 운동을 벌이고 있다. 그 일환으로 빈곤과 불의를 퇴치하기 위해 노력하고 있으며 그럴 수 있다고 믿는다.
_옥스팜 비전

구글의 목표는 전 세계의 정보를 조직화하고, 어디에서나 접근 유용하게 활용할 수 있도록 하는 것이다.
_구글 비전

와우, 낙관론을 상징할 수 있는 기호를 만들면 멋지지 않을까?
_버트 제이콥스,
라이프이즈굿 공동설립자

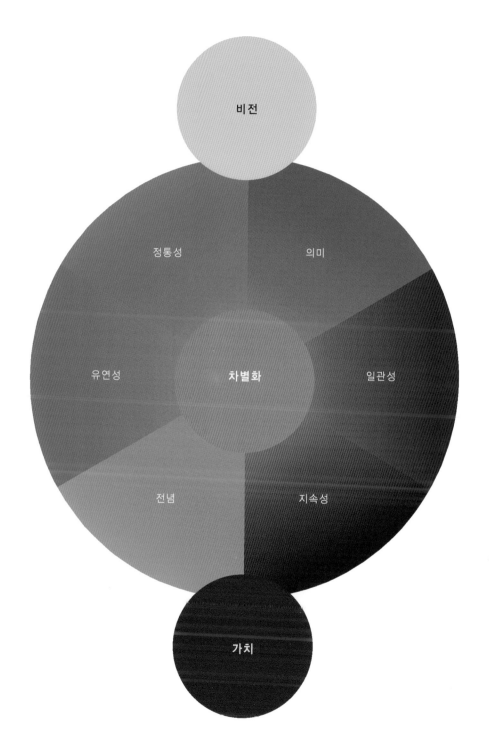

비전

정통성　　　의미

유연성　　차별화　　일관성

전념　　　지속성

가치

# 욕구와 욕망 Needs and Desire

욕망의 역할을 인식한 브랜드는 인간의 기본 욕구를 다루는 방향으로 제품과 커뮤니티를 포지셔닝할 수 있다. 우리는 모두 안전함을 느끼고, 사랑과 존경, 그리고 관심을 받으며 창의력을 발휘해 가족이나 공동체에 소속되길 원한다. 심리학자 아브라함 매슬로Abraham Maslow는 욕구 단계설을 통해 '본능과 같은 욕구가 사람이 어떤 행동을 하게 되는 동기가 된다'고 주장한다. 모든 고객의 내면에는 사랑, 성취, 인정, 소속에 대한 욕망이 자리 잡고 있다.

브랜드의 정서적 연결은 단순한 기능이나 혜택을 초월한다. 최고의 브랜드는 2가지 이상의 욕구를 충족시키고, 동시에 더 높은 욕망까지 충족시킨다.

---

**매슬로 욕구 단계설**

- 자아실현의 욕구
- 창의성
- 플로flow 혹은 몰입
- 문제 해결
- 존경의 욕구
- 자신감
- 성취감
- 존경
- 소속감과 사랑의 욕구
- 우정
- 친밀감
- 공동체
- 안전의 욕구
- 안전
- 자원
- 가족
- 건강
- 생리적 욕구
- 호흡
- 음식
- 물
- 균형
- 수면
- 성관계

---

당신의 제품에 대한 적절한 소비자를 찾기보다는 당신이 소비자를 위한 적절한 제품을 찾아야 한다.

_필립 코틀러Philip Kotler,
『마케팅 관리론』

# 접점 Touchpoints

우리는 그것을 보고, 듣고, 경험할 수 있다. 최고의 브랜
드 접점은 인식에 불을 붙이고 차별화를 극대화해 감정
을 유발시킨다. 각각의 접점은 충성도를 높이고 새로운
소비자를 끌어들여 블로거가 긍정적인 글을 작성하게끔
영감을 불어넣는 기회가 된다. 접점은 소매환경처럼 거
대할 수도 있는 반면, 한 통의 이메일처럼 일시적일 수도
있다. 또한 사용설명서처럼 복잡할 수도 있고, 반대로
명함처럼 단순할 수도 있다. 접점은 반드시 욕구를 창조
하고 인식을 촉발시켜 브랜드 에센스Brand essence를 상
징해야만 한다.

내부에서 경쟁 관련 감사를 시행하라. 당신의 접점과 경쟁사의
접점을 비교하라. 그리고 다양한 채널에서 당신의 브랜드가 일
관성을 유지하고 있는지 확인하라.

인터넷을 통해서 접근할 수 있는 중
앙집권적인 브랜드 중추부가 있으면
파리, 홍콩, 뭄바이 등 어디에 있든
팀원들이 브랜드 지침을 확인하고 마
케팅 자료를 활용할 수 있다.
　_게일 갈루포Gail Galuppo,
웨스턴 유니온 최고 마케팅 경영자

브랜드는 역동적인 판매 및 마케팅
행렬 내에 존재한다.
　_블레이크 듀치

외형은 색깔, 규모, 크기, 동작으로 정
의되는 반면, 감정은 경험과 정서를
토대로 한다.
　_애보트 밀러Abbott Miller,
펜타그램 파트너

중앙: 브랜드

바깥 방향(시계 방향으로): 광고, 명함, 우편물, 환경, 이메일, 직원, 이피머러*, 경험, 편지지 문구·양식, 이름·로고, 네트워크, 뉴스레터, 포장, 프레젠테이션, 제품, 제안, 출판물, PR, 판촉, 서비스, 신호, 소셜네트워크, 산업 견본 시장, 자동차, 음성메시지, 웹사이트·블로그, 인스타, 비디오

* Ephemera : 지속적인 가치를 지닌다기보다는 일시적인 유행과 관심의 대상이 되는 출판, 예를 들면 인쇄물이나 텔레비전 프로그램

# 목적 Purpose

다른 브랜드보다 무언가 한 가지라도 더 잘하는 것이
있고, 약속을 잘 지키는 브랜드의 앞길은 누구도 막을
수 없다. 『좋은 기업을 넘어 위대한 기업으로Good to
Great』에서 짐 콜린스Jim Collins는 수익창출 이외의 목적
을 지니고 더불어 강력한 핵심 가치, 잘 통솔된 문화가
있는 기업에서 어떻게 성장과 위대함이 나타나는지 설
명하고 있다. 또한 그는 고슴도치 모델Hedgehog model
을 통해 3가지를 명령한다. "어디에서 최고가 될 것인
지 생각하라, 수익을 창출하기 위한 핵심 요인을 파악하
라, 당신이 깊이 열정을 느끼는 대상이 무엇인지 발견하
라." 어떤 업계에 있든 규모가 얼마나 되든 상관없이 어
떤 조직이든 위의 3가지 명령을 신중하게 따르면 득을
볼 수 있다.

수익창출 외에 어떤 목적을 갖고 있는가? 다른 사람보다 잘하
는 것이 하나라도 있는가? 당신의 소비자, 직원, 이해관계자도
알고 있는가?

58

고슴도치 개념의 목표는 최고가 되는
데에 있지 않다. 어디에서 당신이 최
고가 될 것인지 파악하는 데에 있다.
_짐 콜린스,
『좋은 기업을 넘어 위대한 기업으로』

모든 개인이 무료로 모든 지식에 접
근할 수 있는 세계를 상상해보라. 그
것이 바로 우리가 하려는 일이다.
_지미 웨일즈Jimmy Wales,
위키피디아 공동 설립자

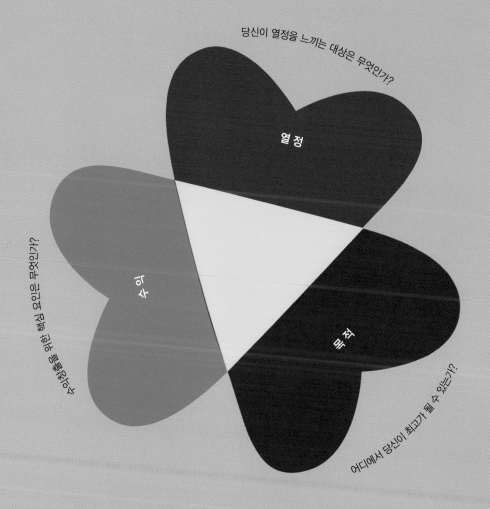

당신이 열정을 느끼는 대상은 무엇인가?

열 정

전 문

하 수

수익창출을 위해 무엇을 할 수 있는가?

어디에서 당신이 최고가 될 수 있는가?

# 영과 혼 Spirit and Soul

모든 개인이 무료로 모든 지식에 접근할 수 있는 브랜드는 어떻게 소비자의 심장과 마음에 도달하는가? 데이비드 아커David Aaker의 브랜드 아이덴티티 기획 모델 Brand Identity Planning Model은 브랜드가 청중에게 어떻게 호소하는지를 연구한 것이다. 상징에는 감정과 연상의 영역을 자극하는 힘이 있다. 또한 친숙한 제안이 될 가능성도 있다. 다음으로 인간에게 집중하는 브랜드는 관계와 복층 다면적인 인격을 내포한다. 조직으로서 브랜드는 신뢰, 혁신, 가치, 사회 공헌을 구체화한다. 본질적인 제품을 둘러싸고 형성된 브랜드는 기능성과 품질을 이야기한다. 각각은 모두 각자의 방식대로 상징적이라고 볼 수 있다.

당신의 브랜드는 어떻게 소비자에게 도달하고 호소하는가? 소비자나 잠재 소비자가 당신의 브랜드를 경험할 때 어떤 기분을 느끼기를, 무엇을 연상하길 바라는가?

브랜딩은 기계적이고, 자동적이고, 포괄적이고, 가격 중심적인 제안에 영과 혼을 더한다.
   _데이비드 아커,
   프로핏 부회장,
   『데이비드 아커의 브랜드 경영』

브랜드는 참여를 유도해야 하며, 동시에 재미도 있어야 한다. 또한 당신의 창의적인 본능을 발휘해야 한다.
   _리처드 브랜슨 Richard Branson,
   버진 설립자 겸 CEO

브랜드 = 인간

브랜드 = 상징

브랜드 = 제품

브랜드 = 조직

# 지각 Perception

브랜드는 마음, 심장과 연결되어 있다. 브랜드 아이덴티티는 눈에 보이며 감각에 호소한다. 소비자는 자신을 이해해주는 브랜드를 원한다. 감정과 지각은 선택에 영향을 미친다. 색, 소리, 느낌, 경험은 감정을 깨우고 브랜드의 인격을 드러내는 데 사용된다. 스마트폰은 욕망의 대상이 되었다. 다수의 브랜드는 소비자에 대해 어떤 이야기를 한다는 이유로, 혹은 하지 않는다는 이유로 소비자의 선택을 받는다. 다문화 사회에서 브랜드는 문화적 차이를 존중하고 인정한다는 사실을 알릴 필요가 있다.

소비자가 왜 당신의 브랜드를 선택하는지 알아보라. 정서나 지각과 연관이 있고 미묘하게 이루어진 경쟁 우위의 각 층을 조사하라. 고객과의 정서적인 연계를 위해 경험과 디자인을 활용하라.

경쟁력 있는 절규를 하고 싶지만 갈피를 잡을 수 없는 세상에서 논리적인 선택은 불가능하다. 브랜드는 명확성, 지속성, 안심, 지위, 멤버십 등 인간이 스스로를 정의하는 데 도움을 주는 존재가 되었다. 브랜드는 정체성을 대표한다.

_**월리 올린스**Wally Olins,
『온 브랜드』

브랜드의 약속 수준을 높게 유지하라. 또한 이름, 로고, 핵심 색상을 가능한 잘 보이고 일관되게 유지하라.

_**코니 버솔**Connie Birdsall,
리핀코트 크리에이티브 디렉터

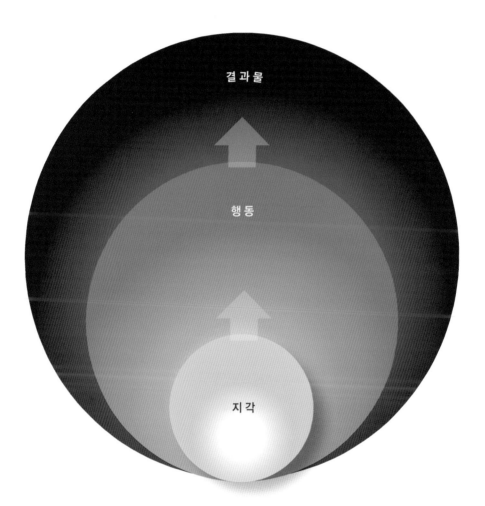

결 과 물

행 동

지 각

# 진정성 Authenticity

소비자는 매력적이며 반응 잘하고 원조라고 생각되는 브랜드에 끌리게 마련이다. 다시 말해 약속, 비전, 가치, 문화, 인격에 부응하는 브랜드를 선택한다. 진정성에는 브랜드를 보호하고 유지하는 힘이 있다. 자신이 누구인지 무엇을 의미하는지 아는 조직은 우월한 위치에서 브랜드 구축 작업을 시작할 수 있다. 진정성을 확보하려면 브랜드 에센스를 합의한 뒤, 브랜드 에센스를 모든 상표, 슬로건, 핵심 문구, 대화에 적용시켜야 한다. 브랜드는 단순한 로고가 아니다. 그렇다고 로고가 중요하지 않다는 말은 아니다. 로고를 이용해 긍정적인 연상과 강점을 꾀하는 것이 포인트다.

당신의 조직은 브랜드가 의미하는 바가 무엇인지, 어떤 가치를 제공하는지에 대한 이해를 공유하고 있는가? 진정성은 자신이 누구인지 아는 것이다.

내게 진정성이란 '자신의 존재로 있는 것'이 아니라 약속한 내용을 실천하는 것이다.

_세스 고딘

현실의 제한, 변화, 상업화 때문에 소비자는 매력적이고 개성 있으며 기억에 남는, 무엇보다 진정한 무언가에 반응한다.

_제임스 H. 길모어 &
B. 조셉 파인 2세,
『진정성의 힘』

로고

보고 느낀다

목표된 메시지

핵심 메시지

우리는 우리가 누구인지 안다.

65

# 포지셔닝 Positioning

소비자의 지각을 통찰하는 능력은 마케팅을 위한 모든 노력 뒤에 숨어 있는 추진력이다. 알 리스Al Ries와 잭 트라우트Jack Trout의 획기적인 연구 덕분에 모든 제품이 소비자의 마음 어딘가에 자리를 잡고 있다는 사실이 밝혀졌다. 그러므로 브랜드에 있어 표적 고객, 가격, 유통, 핵심 메시지 등을 선정하는 작업은 중요하다. 최첨단 혁신이나 전통적인 가치를 내포하고 있는가? 남들의 시선을 의식하는 사람을 표적으로 하는가, 아니면 싼 제품을 찾아다니는 사람이 핵심 고객인가? 경쟁사와는 차별화되었는가? 로고, 포장, 유통, 어플, 웹사이트 등 모든 채널에 이 같은 내용을 반영해야 한다.

조사하라! 표적 소비자의 욕구, 욕망에 대해서 더 많이 알고 이를 토대로 더 많은 욕구를 충족시킬수록 당신 메시지의 효과는 높아지고 고객은 더욱 충성스러워진다.

더 좁은 영역에 초점을 맞출수록 브랜드는 더욱 강해진다.
_알 리스&로라 리스Laura Ries,
『브랜딩 불변의 법칙』

어떤 시대건 포지셔닝 원리는 변하지 않지만, 포지셔닝을 위해 브랜드가 사용하는 방법은 변해야만 한다.
_크리스 그램스,
뉴 카인드 사장 겸 파트너

포지셔닝은 마케팅, 제품, 서비스, 이니셔티브, 아이디어에서 가장 중요한 기술이다. 만약 적극적으로 포지셔닝을 하지 않으면 다른 사람이 그 자리를 차지할 것이다.
_스털링 브랜즈Sterling Brands

미래의 이미지 :: 인텔리전스

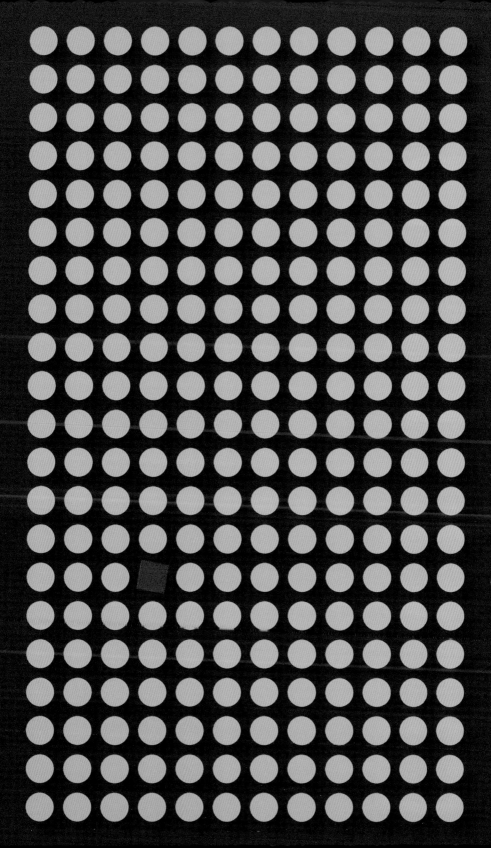

67

# 이해관계자 Stakeholders

이해관계자는 브랜드의 성공에 영향을 미치는 요인 중
하나로 꼽힌다. 명성과 신용은 브랜드의 표적 시장은 물
론이고 바깥까지 퍼져 나간다. 직원, 계약자, 지역 단체,
공급자, 주주, 미디어 관계자는 브랜드의 지지자가 될
수도, 브랜드의 비전에 힘을 실어주는 영향력 있는 브랜
드 챔피언*이 될 수도 있다. 모든 이해관계자의 필요에
빠르게 반응하는 정책, 그들의 목소리에 귀를 기울이는
태도, 투명한 운영은 브랜딩 목표 달성에 도움이 된다.
이해관계자에 대해 연구하면 포지셔닝에서부터 브랜드
메시지, 출시 전략, 계획 등에 대한 다양한 해결책을 찾
을 수 있다.

모든 이해관계자를 자신의 편으로 두는 것이 얼마나 중요한지
깨달아라. 당신이 그들의 걱정에 귀를 기울이고 반응하고 있다
는 사실을 그들도 알게 하라.

친환경 건축에 LEED(미국 친환경건
축물인증제-옮긴이)가 있다면, 지속가
능한 비즈니스에는 B 코퍼레이션B
Corporations이 있다. 직원을 어떻게
대하는가, 지역 사회에 어떻게 참여
하는가, 공급자를 어떻게 대하는가,
환경을 어떻게 보존하는가 등 비즈니
스 전반을 다룬다.
___제이 코언 길버트Jay Coen Gilbert,
B 코퍼레이션 설립자

기업의 명성은 투자자, 소비자, 공급
자, 직원, 규제자, 미디어 등 다양한
커뮤니티를 형성하는 함축적인 약속
혹은 확연히 보이는 약속을 통해 형
성된다.
___엘리자베스 럭스Elizabeth Lux,
〈월스트리트 저널〉

당신은 데이터베이스에 의해 살고 죽
는다.
___크리스 브로건과 줄리엔 스미스,
『신뢰 소셜미디어 시대의
성공 키워드』

* Brand champion : 단순한 브랜드 전문가를 넘어 전 조직에 브랜드 가치를 전
달하고 참여를 독려하며, 성공담을 공유하는 사람. 브랜드
를 전파하는 이야기꾼

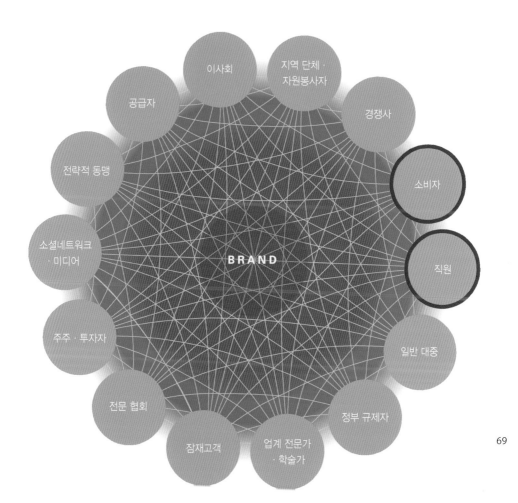

# 빅 아이디어 Big Idea

빅 아이디어는 브랜드 전략, 습관, 행동, 커뮤니케이션을 돕는 발판 역할을 한다. 이와 동시에 브랜드 에센스이자 핵심 목적이기도 하다. 기업이 빅 아이디어를 표명하면 고객은 이를 듣고 브랜드를 선택할 것인지, 좋아할 것인지, 계속해서 이용할 것인지 결정한다. IBM은 "똑똑한 세상Smarter planet"을, 유니레버는 "삶에 활력을 더하자Adding vitality to life"를, 나이키는 "일단 해보라Just do it"를, 애플은 "다르게 생각하라 Think different"를 외친다. 신제품이나 서비스를 개발하고 하위 브랜드 포트폴리오를 축소하며 직원을 채용하는 등의 과정에서 빅 아이디어는 최고 경영진의 초점이 흔들리지 않도록 도와주는 동시에 경쟁 우위를 제공한다.

마케팅, 브랜드 확장, 부분 매각의 방향을 잡기에 충분한 수준으로 빅 아이디어를 명확하게 표명했는가? 빅 아이디어로 경쟁사와 눈에 띄는 차별화가 가능한가? 소비자가 당신의 브랜드를 쉽게 선택하게끔 만드는가?

제너럴 일렉트릭에게 '상상을 현실로 만드는 힘Imagiation at work'은 슬로건이나 표어를 뛰어넘어 존재의 이유다.

_제프 이멜트Jeff Immelt,
제너럴 일렉트릭 회장 겸 CEO

'더 나은 세상A better world'을 건설하겠다는 목표는 날마다 부딪히는 현실보다 우위가 되지 못한다.

_브라이언 워커Brian Walker,
허먼 밀러 CEO

'파크 엔젤Park Angels'은 공공장소라는 명목으로 여러 사람이 함께 모이는 운동이다.

_로빈 필립스Robbin Phillips,
브레인스 온 파이어 용감한 사장

피렌체 시 : 브랜딩으로 인테리전시

# 브랜드=자산 Brand as Asset

대부분의 기업에서 브랜드는 가장 중요하고 가치 있는 자산이다. 이는 브랜드가 소비자의 선택, 투자자, 직원에게 영향을 미치기 때문이다. 명망 있는 경영 컨설팅 업체에서 실시한 수많은 연구 결과를 보면, 브랜드가 주주 가치Shareholder value에서 차지하는 비중이 평균 3분의 1 이상이라는 사실을 알 수 있다. 다수의 브랜드는 현재 무형 자산 포트폴리오를 확대하고, 유형 자산 포트폴리오는 축소하는 전략을 강구하고 있다. 최근에는 브랜드 평가액 데이터를 기금 마련을 위해 사용하는 비영리단체가 늘어 나고 있다. 하지만 전 세계적으로 합의된 평가액 산정 방식은 아직 마련되지 않은 실정이다.

당신의 비즈니스에서 가장 중요한 부분은 어디인가? 브랜드 자산에 대한 상표 등록은 했는가? 브랜드 자산을 보호하고 성장시키기 위해 어떤 행동을 취하고 있는가?

지난해 핵심 재무 지표는 하락했지만, 오히려 100대 브랜드의 가치는 4% 성장해 2조 달러를 기록했다.

_밀워드 브라운Millward Brown

기업은 자금 조달 라이선스 계약액을 결정하고, 인수나 합병시 가격을 추정하며, 소송 사건 발생시 피해액을 산정한다. 또한 재고 가격을 정당화하기 위해서 브랜드 가치를 이용한다.

_마티 뉴마이어, 『브랜드 갭』

2010년 기업의 시가 총액 중 브랜드 가치가 차지한 비중은 코카콜라에서 63%, 구글에서는 83%인 것으로 나타났다.

_블레이크 듀치

디자인 이노베이션 툴킷

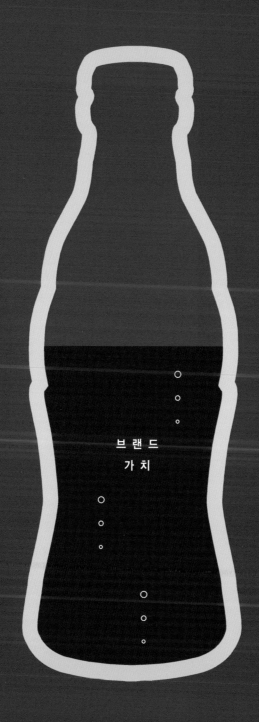

브랜드
가 치

73

# 브랜드 확장 Brand Extensions

기술 변화와 새로운 글로벌 시장은 신제품, 서비스, 쇼핑의 무대가 된다. 브랜드 확장이란 '기존 브랜드에서 파생되어 나온 새로운 제품'을 의미한다. 이 같은 제품은 시장 내 새로운 기회를 활용하거나 비슷한 제품으로 새로운 고객을 끌어당긴다. 관련 제품이나 서비스의 유통, 마케팅, 생산에는 규모의 경제를 적용할 수 있다. 브랜드 확장의 성공은 브랜드에 힘을 실어주는 반면, 실패할 경우 모母 브랜드까지 침식시킨다.

핵심 브랜드를 약화시키거나 타격을 입히지 않으려면 브랜드 기회를 신중하게 평가하라. 자기자본을 구축할 기회를 찾아라.

빨리 테스트하고, 빨리 실패하고, 빨리 적응하라.

_**톰 피터스**Tom Peters

시장의 욕구와 어울리지 않을 위험이 도사리고 있는 미지의 방향으로 브랜드를 확장하기에 앞서 먼저 기업은 자신의 브랜드가 무엇을 하고 있는지, 무엇을 의미하지 않는지를 알아야 한다.

_**스코트 M. 데이비스**, 프로핏 최고성장경영책임자

단순히 고객에게 무엇을 원하느냐고 물은 뒤 그들에게 그것을 줄 수는 없다. 제작이 완성될 때쯤이면 고객은 새로운 것을 원하기 때문이다.

_**스티브 잡스**Steve Jobs, 애플 CEO

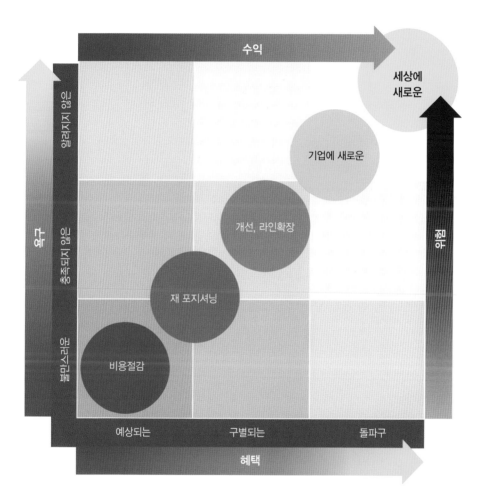

# 브랜드 정렬 Brand Alignment

소비자가 브랜드를 경험할 때마다 더욱 친숙한 느낌
이 들어야 한다. 제품을 사용하든 서비스 센터 상담원
과 통화를 하든 아이폰을 이용해서 제품을 구매하든 일
관성이 있다고 느껴야 한다. 정렬은 내부적으로 역동적
인 핵심 아이디어를 고집하는 데에서 시작된다. 그 후
모든 직원의 행동으로 확대된다. 소비자가 미국의 버
팔로Buffalo, 중국의 베이징Beijing, 아프리카의 팀북투
Timbuktu 등 어디에 있는지, 오프라인 매장을 방문하든
지 혹은 전화나 온라인을 통해 접속하든지, 소비자에게
핵심 아이디어가 뚜렷한 톤, 외형, 느낌을 통해 전달되
어야 한다. 그래서 소비자가 경험을 축적할 수 있어야
한다.

소비자가 브랜드를 즉각적으로 인식할 수 있도록 돕는 장치가
있는가? 마케팅 채널과 미디어에서 브랜드의 속성이 눈에 잘
보이는가?

통합하라. 단순화하라. 증폭시켜라.
__켄 카본Ken Carbone,
카본 스몰란 공동 설립자

조직, 사람, 프로젝트는 자신의 존재,
자신이 하는 말, 행동 등을 통합하고
정렬할 필요가 있다.
__마이클 호건Michael Hogan,
브랜드학 학장

정 렬

비전

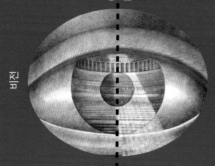

경험

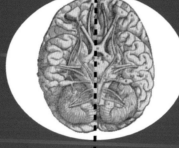

표현

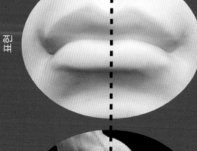

행동

정 렬

77

# 브랜드 아키텍처 Brand Architecture

똑똑한 브랜드 네이밍, 유연한 브랜드 아키텍처, 통합된 언어 및 시각 시스템은 신상품 마케팅을 촉진시킨다. 브랜드 아키텍처란 '하나의 조직 내의 브랜드 체계'를 의미하며, 모<sub>母</sub> 기업과 자<sub>子</sub> 기업, 제품, 서비스의 연관성을 보여준다. 브랜드 아키텍처는 크게 3개의 유형으로 세분화된다. 단일브랜드Monolithic의 특징은 강력한 단일 마스터 브랜드다. 보증브랜드Endorsed는 모<sub>母</sub> 브랜드와의 강력한 연관성으로부터 득을 본다. 독립브랜드Branded에서는 소비자가 지주회사를 보지 못하는 사례가 빈번하다.

어떤 전략이 당신의 마케팅 구조와 목표를 잘 반영하는지 생각하라. 어떻게 해야 당신의 비즈니스와 브랜드를 가장 잘 구축할 수 있을지 예측하라. 새로운 브랜드를 매입하려 한다면 서명을 하기 전에 브랜드 아키텍처 전략을 확실히 하라.

각각의 브랜드 아키텍처 모델에는 장단점이 있다. 그러므로 결정을 하기 전에 시장을 살펴보고, 시장의 숨어 있는 빈 공간을 확인하라. 또한 브랜드 포트폴리오, 기업의 야망, 핵심 아이디어를 세밀하게 평가하여 각각의 선택이 낳을 장단점의 경중을 따져 보라.

_월리 올린스,
『브랜드 핸드북』

대부분의 조직은 하나의 이름, 정체성, 브랜드를 가지고 시작한다. 그러나 비즈니스가 성장하면서 무언가를 매입하다 보면 결국에는 몇 개의 기업과 브랜드를 갖게 된다. 그렇게 되면 인수한 브랜드나 기업의 이름을 어떻게 할지 결정해야 한다.

_월리 올린스,
『브랜드 핸드북』

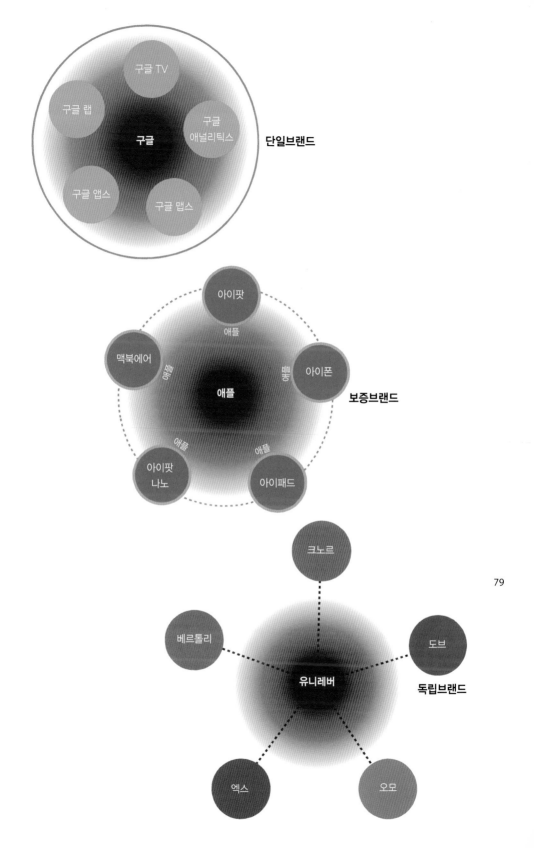

구글 TV

구글 랩

구글

구글
애널리틱스

구글 앱스

구글 맵스

단일브랜드

아이팟

애플

맥북에어

애플

애플

애플

아이폰

애플

아이팟
나노

아이패드

보증브랜드

크노르

베르톨리

도브

유니레버

엑스

오모

독립브랜드

# 인식 Recognition

인간의 뇌가 기호를 처리하는 방식을 이해하면 브랜드 인식 속도에 대한 인사이트를 얻을 수 있으며, 동시에 로고를 자주 노출시킴으로써 기대할 수 있는 효과가 무엇인지도 알 수 있다. 시각적 아이덴티티Visual identity는 인식을 촉구하고 브랜드의 제휴 관계를 드러낸다. 시각은 다른 어떤 감각보다 세상에 대한 정보를 많이 제공한다. 우리의 뇌는 형태를 가장 먼저 감지하고, 그 후에 색과 감정을 연관시킨다. 그리고 나서 글을 읽고 언어를 이해한다. 그렇기 때문에 소비자는 독특한 모형의 일부만을 보고도 특정 브랜드를 떠올릴 수 있다.

당신의 로고는 사람들이 쉽게 기억할 수 있도록 독특한 형태로 만들어졌는가? 마케팅 채널을 통해 당신의 로고가 노출되는 횟수를 계산하라.

로고는 알려진 커뮤니케이션 방법 중 가장 빠른 형태다.
_블레이크 듀치

로고는 브랜드로 통하는 입구다.
_밀튼 글레이저Milton Glaser,
디자이너

형태의 일부만 보고도 브랜드를 인식할 수 있다.
_하이디 코디Heidi Cody,
문화인류학자

**브랜드 레터폼**
- 버드와이저Budweiser
- 리세스Reese's
- 어도비Adobe
- 넷플릭스Netflix
- 디즈니Disney

81

# 상표 Trademark

최고의 로고는 빅 아이디어나 브랜드 속성을 잘 전달하고 전략적 포지셔닝을 구체화하며 경쟁사와의 차별화를 가능케 한다. 상표의 종류는 직설적인 것에서부터 상징적인 것, 글자를 이용한 것에서부터 그림을 이용한 것에 이르기까지 다양하다. 또한 노출 빈도와 지속성은 상표 인식에 영향을 미친다. 디자인은 의미와 형태를 통합시킨 것이다. 의미 중 일부는 처음에 곧바로 전달되지만 전체적인 의미가 완전히 모습을 드러내고 자리를 잡는 데에는 시간이 걸린다. 열망적인 영역과 기능적인 영역에 모두 심혈을 기울여 신중하게 디자인해야만 훌륭한 상표를 얻을 수 있다.

내부와 외부 파트너를 위한 로고 사용 가이드라인을 작성하라.
디자인을 변경할 때에는 진화와 혁명 중 하나를 택해야 한다.

우리는 로고의 새로운 진화 과정에서 헤리티지를 존중하고 포용했다. 동시에 새로운 로고 덕분에 우리는 미래에 더욱 적합하다는 기분을 느끼게 되었다.
_**하워드 슐츠**Howard Schultz,
스타벅스 회장 겸 CEO

디자인은 감정, 콘텐츠, 브랜드 에센스처럼 보이지 않는 것을 구체화하고 차별화한다.
_**모리아 컬렌**Moria Cullen,
허쉬 글로벌 디자인

**브랜드 이름**
- 구글Google
- 스타벅스Starbucks
- 베인Bayn
- 유니비전Univision
- 나이키Nike

**워드마크**Wordmark
브랜드 속성이나 포지셔닝을 전달
하기 위해 디자인된 독립적인 두문
자어, 회사명, 제품명

**픽토리얼 마크** Pictorial Mark
단순화 및 양식화가 특징이며, 즉각
적으로 인식할 수 있는 이미지

**엠블럼**Emblem
그림적인 요소 안에 회사명이 포함
된 마크

**레터폼**Letter Form
회사명을 쉽게 기억할 수 있도록 돕
기 위해 하나 혹은 그 이상의 글자
를 독특하게 디자인한 형태

83

**심볼릭 마크**Symbloic Mark
빅 아이디어를 전달하고, 때로는 전
략적인 모호성을 구체화하는 상징

# 이름 Names

특색과 의미가 있고 기억에 남는 이름은 하나의 브랜드 자산이다. 소비자가 그런 이름을 쉽게 찾고 기억하기 때문이다. 또한 경쟁자들 사이에서도 두각을 나타낼 수 있고, 로고나 글에서도 시각적인 효과를 기대할 수 있다. 또한 브랜드 확장과도 연관이 있다. 브랜드 이름은 브랜드의 성장, 변화, 성공에 영향을 미친다. 법적으로 보호를 받을 수 있고 동시에 URL로 사용할 수 있는 이름을 찾는 작업은 만만치 않다. 대부분의 브랜드 팀은 곧바로 사랑에 빠져서 헤어 나올 수 없는 그런 이름을 원한다. 그러나 의미와 연상은 오랜 시간에 걸쳐 성숙하게 마련이다.

브레인스토밍 기술을 이용해서 수백 개의 옵션을 만들어라. 이때 모든 아이디어를 기록하라. 그리고 각각의 이름을 넣어 문장을 완성시킨 뒤 크게 읽어보라.

당신을 숲 속에 있는 한 그루의 나무로 만드는 이름을 선택하지 마라. 그러면 다른 나무들 사이에서 눈에 띄기 위해 엄청난 마케팅 예산을 쏟아야 할 것이다.
_대니 알트만Danny Altman, 어 헌드레드 몽키스 설립자

네이밍의 20%는 창의적이고, 나머지 80%는 정치적이다.
_대니 알트만, 어 헌드레드 몽키스 설립자

프로세스, 서비스 수준, 새로운 서비스 특징 등에 이름을 붙이면 비즈니스의 가치를 높여주는 하나의 자산을 창조할 수 있다.
_제임스 비테토James Bitetto, 투툰니안 & 비테토 PC 파트너

**HermanMiller**

### 인명기법 Founder

쉽게 상표로 만들 수 있다. 자아 만족을 가져온다. 하지만 해당 인물이 은퇴하면 난관에 부딪힐 수 있다.

### 조어기법 Fabricated

더 쉽게 상표로 만들 수 있다. 하지만 시장을 교육시키려면 더 큰돈을 투자해야 한다.

### 제품속성기법 Descriptive

비즈니스의 특징을 나타낸다. 하지만 다각화를 시도할 때 문제가 된다.

### 상징기법 Metaphor

스토리텔링의 기회가 무궁무진하다. 범위가 제한적이다.

**IBM**

### 두문자형기법 Acronym

기억하기도 어렵고 상표로 만들기도 쉽지 않다. 광고에 거대한 투자가 필요하다.

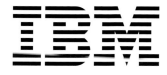

### 매직스펠 Magic spell

철자는 독특하지만 읽기 쉬워야 한다. 이름에 의미가 있는 경우에 가장 효과적이다.

# 차별화된 것과 좋은 것 Good and Different

브랜드 역사를 보면 표적 집단 내 소비자들이 가치 창
출형 아이디어로 만든 제품을 보고는 결코 구입하지 않
을 거라며 차가운 반응을 보인 사례를 쉽게 찾아볼 수 있
다. 포스트잇 노트Post-it Notes, 태양의 서커스Cirque de
Soleil, 허먼밀러Herman Miller의 에어론Aeron 의자가 대
표적인 예다. (좋으면서도 차별적인) 위험한 아이디어는 지
속적인 수익을 낳을 잠재력을 갖고 있는 경우가 많다. 혁
신에 대한 테스트 결과는 대부분 좋지 않다. 마티 뉴마이
어의 차별화된 것과 좋은 것 기법은 다수의 기업에 혁신
에 대한 용기를 불어넣는다.

당신의 기업이 과감하게 차별화된 브랜드를 가지려면 어떤 대
가를 치러야 하는가? 만약 당신의 브랜드가 존재하지 않는다면
알아차리는 사람이 있을까? 대체될 수 없는 존재가 되어라.

오늘날 비즈니스의 성공은 상상력,
감정이입, 협력 등의 요인을 특허, 브
랜드, 소비자 트라이브tribe로 전환하
는 데에서 시작된다.
_마티 뉴마이어,
리퀴드 에이전시 혁신 디렉터

우리는 구글을 (기존 두뇌에 더해) 두뇌
의 또 다른 반쪽으로 만들길 원한다.
_세르게이 브린Sergey Brin,
구글 공동 설립자

모든 사람이 '지그'를 향해갈 때, 그
반대방향인 '재그'로 가라.
_마티 뉴마이어,
『브랜드 반란을 꿈꾸다』

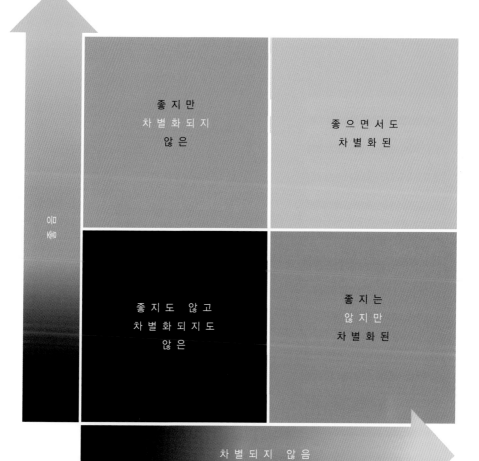

좋지만
차별화되지
않은

좋으면서도
차별화된

좋지도 않고
차별화되지도
않은

좋지는
않지만
차별화된

이미
효능

차별되지 않음

87

브랜딩

단순함

문화

협력

시간관리

80/20 법칙

역량

인사이트

초점

고객서비스

고객 중심

성장

메트릭

싸움 혹은 도주

유일성 테스트

지각도 기법

SWOT 활동

플로

# 3
# 동인

## 브랜드 관리

하루가 멀다 하고 변하는 환경에서도 브랜드를 번성
시켜야 한다. 그러려면 저력 있고 유연하며, 기억에
남고 호소력이 짙어야 한다. 그렇다면 당신의 팀은
어떻게 이 같은 소중한 자산을 형성하고 유지할 것인
가? 오늘날에는 브랜드 구축에 필요한 중요한 선택,
방향 결정, 창의적 활동을 도와주는 기술, 전략, 활
동, 접근법이 다양하다. 섹션 3에서는 싱크로니시티
synchronicity를 창조해서 브랜드 프로세스를 지속하
는 접근법에 대한 인사이트를 얻게 될 것이다.

# 브랜딩 Branding

브랜딩 프로세스에서는 조사, 전략적 상상력, 훌륭한 디자인, 프로젝트 관리 기술이 필요하다. 더불어 방대한 양의 정보와 인사이트를 통합하는 능력과 인내심도 요구된다. 업무가 얼마나 복잡하건 프로세스는 동일하다. 다만 각 단계의 깊이, 소요 시간, 필요한 자원, 팀의 규모만 변할 뿐이다. 프로세스가 잘 통솔되면 의사 결정이 용이해지고, 더 나아가 목표를 달성하기 위해 효과가 증명된 방식을 사용하고 있다는 사실을 보여줄 수 있다. 프로세스의 각 단계에 대해서 더 자세히 알고 싶다면 132페이지를 참고하라.

프로세스를 신뢰하라. 가장 지속가능하고 창의적인 업무는 브랜드 신념에 대한 합의에서 시작된다. 자산 관리 단계는 가장 어렵지만 잘만 하면 그만한 대가를 받을 수 있다.

소비자에게 강력한 혜택을 제공하려면 유능한 사람들과 함께 일하라.
_수잔 아바르드Susan Avarde,
시티 글로벌 브랜딩 매니징 디렉터

고객은 작가이며, 우리는 통역사다.
_바트 크로스비Bart Crosby,
크로스비 어소시에이츠

정치적 프로세스를 가로질러 항해하는 것, 신뢰를 쌓는 것, 관계를 구축하는 것, 그것이 전부다.
_폴라 셰어Paula Scher,
펜타그램 파트너

5
자산을
관리하라

4
접점을
창조하라

3
아이덴티티를
디자인하라

2
전략을
명확히 하라

1
리서치를
실시하라

# 단순함 Simplicity

멀티태스킹, 멀티미디어, 멀티 메시지가 점령하고 있는 세상에서 단순함은 직관과는 거리가 먼 것처럼 보인다. 하지만 브랜딩에서 단순함은 선택이 아닌 필수다. 마음을 사로잡는 아이디어, 메시지, 로고를 소비자에게 전달하고자 한다면 단순함을 추구해야 한다. 영문을 기준으로 문자 메시지의 80자 제한과 트위터의 140자 제한만 보더라도 소비자가 오늘날 커뮤니케이션에서 바라는 바가 무엇인지 알 수 있다. 단순한 디자인은 항상 복잡한 디자인과의 싸움에서 승리한다. 또한 반복과 친숙함은 사람의 마음을 편하게 하고 더욱 깊은 인상을 남긴다.

복잡함을 멀리하라. 어떤 매체를 사용하건 전달하고자 하는 내용을 핵심으로 축약해보라. 또한 당신의 소비자가 반복과 인식을 통해 안심한다는 사실을 깨달아라.

사람들, 특히 첫 고객이 당신의 제안에 다가오지 못하게 하는 모든 걸림돌을 파악하라. 그러고 나서 걸림돌을 하나씩 체계적으로 다뤄라. 이때 단순함, 명확한 커뮤니케이션, 고객 중심적인 디자인을 함께 이용하는 것이 좋다.

_**톰 켈리**Tom Kelley,
IDEO 설립자

훌륭한 브랜드는 독특하면서도 연관성이 높은 단순한 아이디어를 토대로 한다. 단순함이 모든 것을 이긴다.

_**앨런 P. 애덤슨**Allen P. Adamson
& **마틴 소렐**Martin Sorell,
『브랜드 심플』

대부분의 품질 향상은 디자인, 생산, 배치, 프로세스, 과정의 단순화를 통해 달성된다.

_**톰 피터스**

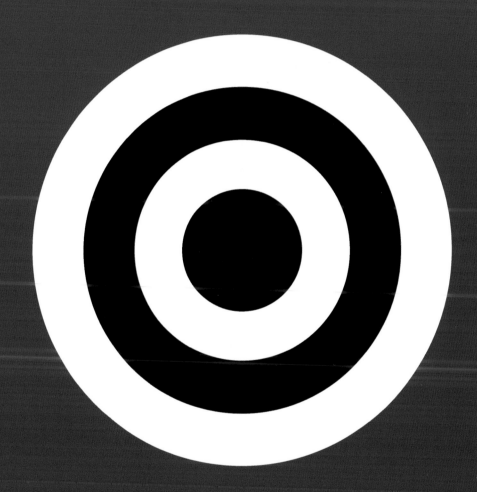

# 문화 Culture

가치, 이야기, 상징, 영웅을 비롯한 기업 문화를 직원들이 어떻게 공유하느냐는 장기적인 성공에 직접적인 영향을 미친다. 안에서부터 밖으로 브랜드를 구축한다는 것은 직원들이 조직의 목적을 포용하고 조직 문화에서 중요한 가치에 헌신하게끔 영감을 불어넣는 것을 의미한다. 개인의 차이와 자유로운 표현을 격려하는 문화일수록 소비자를 사로잡을 새로운 아이디어와 제품이 나올 가능성이 높아진다.

당신의 문화는 경청과 자유로운 의견 교환을 격려하는가? 당신의 직원들은 브랜드 챔피언인가?

서로와 고객을 대하는 태도에서 자신의 모습이 드러난다는 말이 있지 않은가? 행동이 조직의 결과를 더 이상 뒷받침하지 못한다면, 이는 문화 변화를 시도할 때가 이르렀음을 의미한다.

_헨리 브라이트 Hanley Brite,
어센틱 커넥션스 학장 겸 설립자

내 역할은 각양각색의 직원이 자신의 개성, 창의력, 인성을 뽐내고 빛낼 수 있는 환경을 조성하는 것이다.

_토니 셰이 Tony Hsieh,
자포스 닷컴 CEO

문화는 조직이나 기관을 특징짓는 공유된 태도, 가치관, 목표, 관행이다.
_메리엄 웹스터 대학생용 사전 11판

인용 : 스탠포드 미래피

| 눈에 보이는 조직 | 눈에 보이지 않는 커뮤니티 |
| --- | --- |
| 계급과 지휘계통 | 믿을 수 있는 관계의 네트워크 |
| 공식적 가치 및 비전 | 경험된 가치 및 비전 |
| 문서로 작성된 규칙, 정책, 절차 | 문서로 작성되지 않은 규칙, 사회규범 |
| 비즈니스 계약(내부 혹은 외부) | 비공식 계약(내부 혹은 외부) |
| 비즈니스 의무 | 사회적 의무 |
| 정보·커뮤니케이션 시스템 | 비공식 루트와 소문의 출처 |

# 협력 Collaboration

위대한 결과를 만들려면 비전, 헌신, 협력이 필요하다. 협력은 단순한 합의나 타협이 아니다. 협력은 문제 해결을 위한 사려 깊고 진심 어린 집중에서부터 진화되며 상호의존적이고 서로 연결된 접근법을 낳는다. 또한 서로 다른 관점과 규칙으로 인한 긴장 상태에 대해 잘 알고 있다. 브랜드는 회사 내 모든 부서와 다양한 의제를 통합하는 공통의 목적이라고 볼 수 있다. 중앙집권적이고 사용자 친화적인 지침은 브랜드 충성도를 높이고 접점을 구축하는 데 힘이 된다.

> 브랜드 구축을 위해 조직 내 협력의 위력을 분출시켜라. 또한 혁신을 위해 소비자와 협력하라.

아서왕의 원탁회의 참가자들처럼 효율적인 팀은 야심 찬 목표를 달성하기 위해 다양한 전문성을 존중하고, 힘을 공유하며 활발하게 토론해 공통의 목적으로 하나가 되고 축적된 지식을 이용한다.

_모리아 컬렌,
허쉬 글로벌 디자인

협력의 힘을 깨닫고 나면 과학, 비즈니스, 일상에서 승리를 거둘 수 있다. 또한 지식과 가능성의 한계를 뛰어넘기 위해 가까이 있거나 멀리 있는 동료와 힘을 모아 승리를 거머쥘 수 있다.

_엘렌 S. 그레거멘 Alan S. Gregerman,
벤처 웍스 사장 겸 수석혁신관

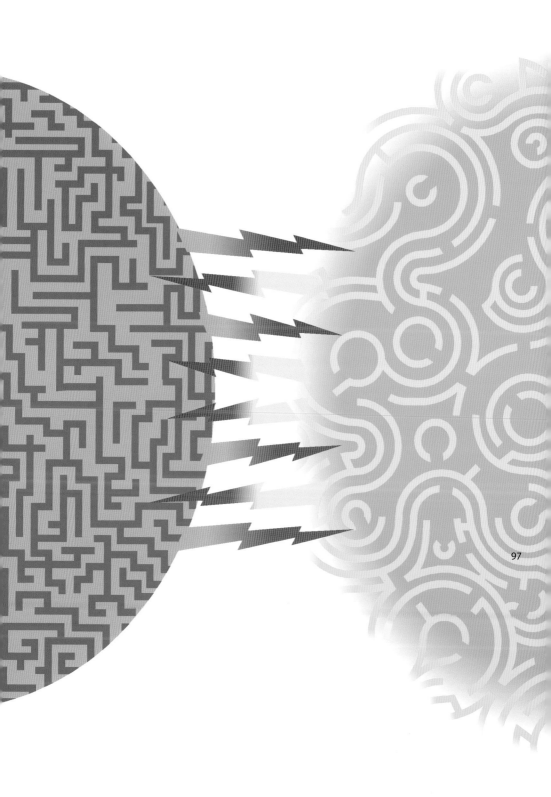

97

# 시간 관리 Time Management

브랜드 구축은 조직에 상당히 중요한 일이다. 시간 관리는 중요한 일과 사소한 일을 구분하는 능력이다. 직원들이 더 쉽게 브랜드 챔피언이 되게 하는 것은 수익률이 높은 투자와도 같다. 브랜드 관리는 언제나 온라인상에서 구할 수 있는 사용자 친화적인 지침, 툴, 템플릿에 의해 변형되었다. 이 같은 툴은 전략적 마케팅, 지속적인 커뮤니케이션, 품질 확대를 돕고, 시간과 돈, 자원 절약에도 한몫한다. 시간 관리의 가장 중요한 역할은 조직 전체가 브랜드의 의미에 집중할 수 있도록 돕는 것이다.

시간, 돈, 자원을 절약하기 위한 브랜드 기준을 개발하라. 모든 직원과 외부 브랜드 에이전시가 참고할 수 있는 가이드라인을 만들어라.

장기적으로 중요한 것을 하라. 중요한 것이 급한 것보다 우선되어야 한다.
_스티븐 코비Stephen Covey,
『소중한 것을 먼저하라』

계속해서 물어야 하는 핵심 질문은 이것이다. "옳은 일에 시간을 사용하고 있는가?" 이는 시간이 당신이 가진 전부이기 때문이다.
_랜디 포시Randy Pausch,
『마지막 강의』

IBM과 델Dell과 같은 기업은 모든 전자 기기를 꺼두는 '정숙시간' 제도를 도입했다. 누가 알았겠는가?
_블레이크 듀치

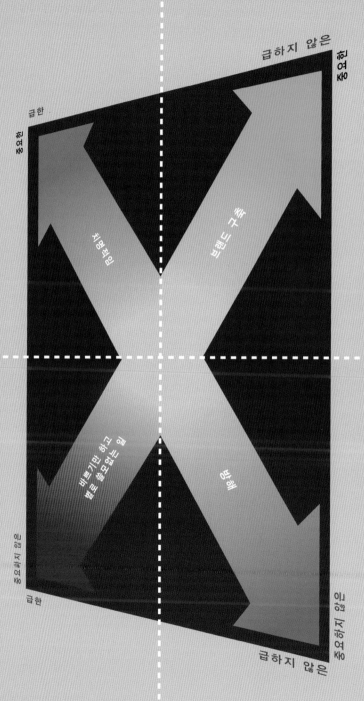

급하지 않은 중요한

급한 중요한

치명적인

빠르게 다가옴

중요하지 않은 급한

바쁘기만 하고 는 것 같은 말

방해

중요하지 않음 급하지 않은

99

# 80/20 법칙

원래는 파레토 법칙Pareto Principle으로 알려진 80/20 법칙은 결과의 80%가 원인의 20%에서 기인한다는 내용이다. 이를 토대로 비즈니스 세계에서는 가장 중요하고 가장 높은 수익을 내는 브랜드, 그리고 영향력이 큰 소비자에게 이목을 집중하고 있다. 80/20 법칙을 적용하면 결과물의 80%는 20%의 노력과 시간에서 기인하고, 소득의 80%는 20%의 제품 판매의 결과이며, 수익의 80%는 20%의 영업활동에서 나온다고 볼 수 있다.

가장 중요한 20%를 찾아라. 그리고 정말로 잘 팔리는 제품 라인 20%와 가장 돈을 잘 쓰는 소비자 20%에 집중하라.

"생각은 글로벌하게, 행동은 지역에 맞게Think global, act local"는 여전히 적용된다. 80/20 법칙을 생각해보라. 80%는 동일하더라도 지역의 문화, 관습, 재료, 경제에 맞게 디자인된 20%가 있어야 한다.

_코니 버솔,
리핀코트 크리에이티브 디렉터

훨씬 더 큰 보상을 제공하는 결말을 찾는 데 당신의 에너지를 더욱 효율적으로 사용하라. 중요한 것은 많지 않다. 하지만 그 몇 안 되는 것이 정말로 많이 중요하다.

_리처드 코치Richard Koch,
『80/20 법칙』

뭐? 트위터 글의 90%를 20%의 사용자가 작성한다고?

_블레이크 듀치

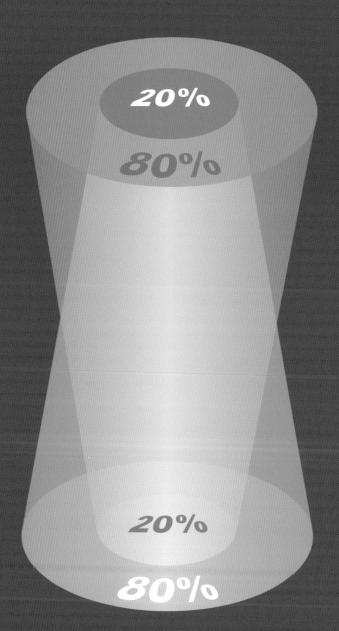

# 역량 Competencies

과거의 마케팅 부서가 오늘날에는 브랜딩 팀이 되었다. 또한 CEO를 비롯해 디자인, 사용자 경험, 소셜미디어 담당자 등이 브랜딩 팀에 새롭게 합세했다. 하지만 멈출 수 없는 브랜드를 구축하는 데에 전략, 창의성, 분석, 실행이 중요한 것은 예나 지금이나 마찬가지다. 다시 말해 기본적인 원칙은 변하지 않았다. 소비자에게 귀를 기울이고 이해하기, 경쟁자에 대해 조사하기, 새로운 트렌드를 포착하기, 고객에게 선택받을 모든 기회를 잡기 등 브랜드 관리의 기본도 그대로다. 가장 어려운 과제는 흔들리지 않고 브랜드에 초점을 맞추는 일이다.

브랜딩 팀을 밖으로 데리고 가라. 그리고 우선순위와 프로세스에 대해서 다시 생각해보라. 최선의 실행 방법을 연구하고 브레인스토밍하라.

어떻게 경쟁하고 승리할 것인지에 대해 어떤 전략적 선택을 했는가? 경쟁에서 승리하기 위해 마케팅 투자는 어떤 역할을 하는가?

_마이클 던Michael Dunn,
프로핏 회장 겸 CEO

마케팅의 목적은 소비자를 잘 이해하고, 잘 아는 데에 있다. 그리고 제품과 서비스를 소비자에 맞춰서 저절로 팔리게 하는 것이다.

_피터 드러커Peter Drucker,
경영 컨설턴트

전 략

중요성

정책

분석

# 인사이트 Insight

소비자의 피드백, 의견, 인사이트는 변화의 자극제가 될 수 있으며, 더불어 획기적인 제품과 매력적인 경험을 낳을 수 있다. 소비자에게 귀를 기울여 그들의 삶을 이해하고 제품과 상호작용이 소비자에게 어떤 영향을 미치는지 이해하라. 그리고 이를 토대로 브랜드를 구축하라. 이때 데이터 분석, 조사 툴, 경쟁력 있는 정보를 잘 활용하라. 소비자 브랜드는 사회 네트워크를 만들어 나가며 편집되지 않은 피드백이나 충족되지 않은 욕구를 표현하는 열정적인 블로거를 추적한다. 소비자를 이해하는 브랜드는 소비자와 평생 지속되는 충성스러운 관계를 맺을 수 있다.

소비자의 눈과 경험으로 세상을 볼 수 있는 방법을 찾아라. 시간을 할애해서 브랜드 인사이트를 팀원들에게 이해시켜라.

중요한 모든 것이 고려되는 것은 아니다. 그렇다고 고려되는 모든 것이 중요한 것도 아니다.
_알버트 아인슈타인 Albert Einstein

질문에 답하는 것은 쉽다. 하지만 옳은 질문을 하는 것은 어렵다.
_마이클 크로난 Michael Cronan, 크로난 공동 설립자

지 혜

배 움

지 식

사 고

정 보

어느 누구도 혼자서 하지는 않는다. 기존 브랜드에 다시 생기를 불어넣거나 새로운 브랜드를 위한 전략을 개발하려면 전략적으로 상상력을 발휘하고 꼼꼼하게 시험해야 한다. 원하는 결과는 대개 한 문장으로 묘사할 수 있다. 그러나 인터뷰, 리서치, 감사로부터 배움을 이끌어내려면 기술과 인내가 필요하다. 분석과 발견은 동시에 진행된다. 최고의 컨설턴트는 옳은 질문을 하고 연관된 투입물과 아이디어를 제공하며 핵심 이슈를 수면으로 끌어올려 결의안을 달성함으로써 프로세스를 용이하게 만든다. 리서치와 전략 단계에 대한 심층 목록을 알고 싶다면 133페이지를 참고하라.

리서치를 실시하고 전략을 명확하게 하기 위해 시간을 얼마나 투자해야 할지 예측하라. 프로세스에 조직을 참여시키고 신뢰를 구축할 수 있는 방안을 마련하라.

주요 기관에 대한 신뢰가 땅에 떨어지고 정보가 넘치는 세상에서 브랜드를 통해 전달되는 단순한 아이디어가 지닌 힘은 이전 어느 때보다 더욱 중요하다.

_리차드 에델만Richard Edelman,
에델만 월드와이드 사장 겸 CEO

오늘날 조직은 시적으로 말할 수 있다. 글 속의 목소리, 시각적인 브랜드, 혹은 사람에 대한 열정과 문화 등을 통해서 말이다.

_조나단 오프Jonathan Opp,
뉴 카인드 포에틱스 디렉터

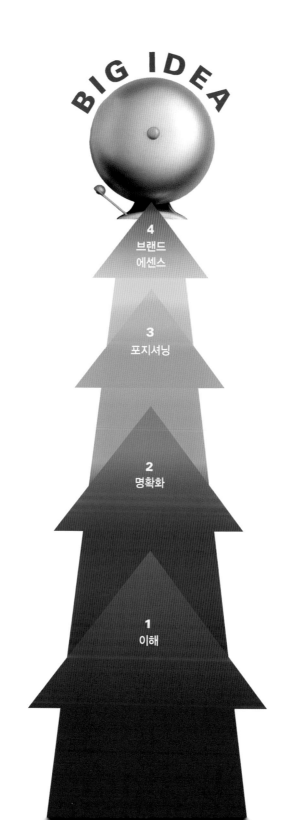

# 고객서비스 Customer Service

고객서비스는 직관적인 요소와 의식적인 요소의 균형을 맞추는 일이다. 예전에는 콜센터 상담원이 고객과 통화할 수 있는 시간이 정해져 있었고 대본도 주어졌다. 이처럼 유연성이 없는 제도는 신뢰 구축, 고객과의 관계, 브랜드, 비즈니스에 전혀 도움이 되지 않았다. 그런데 자포스Zappos와 같은 기업은 고객서비스에 혁신을 일으켰다. 기존에 있던 대본, 시간 제한, 할당 제도를 모두 없앴으며, 신입사원이 들어오면 오리엔테이션 기간 4주 동안 고객서비스 센터에서 근무하게 했다.

고객서비스의 초점은 고객에게 있어야 한다. 도전과제, 혁신, 변화에 마음을 열어라.

---

**자포스 가족의 핵심 가치**

1. 서비스를 통해 '와우!'를 전달하라.
2. 변화를 포용하고 추진하라.
3. 재미와 약간의 기괴함을 창조하라.
4. 모험을 좋아하고 창조적이며 마음이 넓은 사람이 되어라.
5. 성장과 학습을 추구하라.
6. 커뮤니케이션으로 개방적이고 정직한 관계를 구축하라.
7. 긍정적인 팀과 가족적인 분위기를 구축하라.
8. 적은 것으로 더 많은 것을 하라.
9. 열정적이고 단호한 사람이 되어라.
10. 겸손한 사람이 되어라.

비즈니스/기업 주도의     서비스/관계 주도의

규정된     직관적인

엄격함     유연함

관리     신뢰

대본이 있음     대본이 없음

비용 관리     충성 구축

고 객 서 비 스    측 정 기

# 고객 중심 Customer-centric

관계의 다양한 측면에서 고객을 지원하고 고객에게 헌
신하려면 기업 전체가 힘을 합쳐야 한다. 매장은 고객의
신뢰를 얻고 고객 관계를 확장할 수 있는 수많은 기회 중
하나일 뿐이다. IT 부서에서부터 소비자 지원 부서에 이
르기까지 모든 팀이 고객 중심적으로 움직이기 위해 집
중하는 것이 중요하다. 즉 모두 고객의 눈으로 세상을 봐
야만 한다. 모든 직원에게 브랜드가 의미하는 바를 이해
시키기 위한 시간을 마련하는 기업은 고객과의 약속을
지키기 위해 다 같이 힘을 모을 가능성이 높다.

사무, 고객서비스, IT, 판매 등의 분야에서 고객에게 긍정적이고
세련된 브랜드 경험을 제공하기 위해 동료와 협력하라.

고객과의 상호작용이 강력하고 풍부하
다면, 고객이 상품 자체를 뛰어넘는 경
험을 할 수 있기 때문에 다양한 방법으
로 차별화가 가능하다.
_**모한비르 소니**Mohanbir Sawhney,
『마케팅 바이블』

비즈니스 프로세스가 당신 고객의 경
험에 영향을 미치게 하지 마라.
_**마이크 비텐스타인**Mike Wittenstein,
경험 디자이너

심지어 가장 평범한 거래도 기억에
남는 경험이 될 수 있다.
_**B. 조셉 파인 2세 &
제임스 H. 길모어,**
『체험의 경제학』

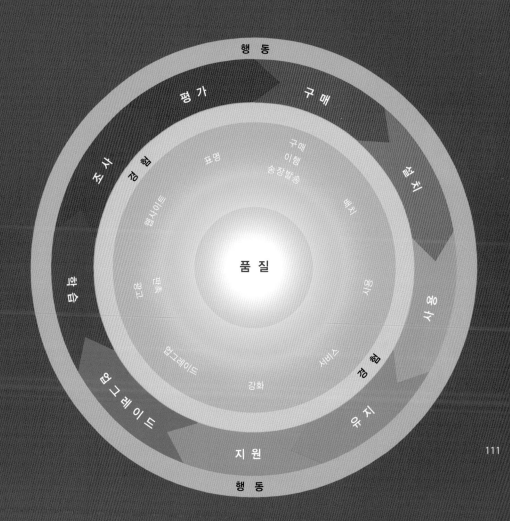

행 동

평 가　　구 매

조 사　　　　설 치

　　　　　　　　　　운 영

승 인 결 정

　　　　　　　　　지 우

업 그 레 이 드

지 원

행 동

품 질

구매
이행
송장발송

배치

포명

웹사이트

운영

결정
요인

업그레이드

강화

서비스

결정
요인

모든 마케팅 예산 지출은 고객의 충성심을 자극하고 새로운 수요를 창출하는 데에 사용되어야 한다. 마케팅에 사용된 1달러조차도 허투루 사용되지 않고, 5가지 소비자 행동 중 적어도 한 가지에는 영감을 불어넣는 데 사용되어야 한다.

성장을 추진하는 소비자는 다음과 같다. 첫째, 제품을 시험 사용 해보는 사람. 둘째, 해당 카테고리에서 브랜드 제품에 더 많은 돈을 지불하는 사람. 셋째, 예산에서 제품 구매에 사용할 금액의 비율을 높이는 사람. 넷째, 충성스런 고객으로 남아 있는 사람. 다섯째, 해당 기업을 추천하는 사람.

브랜드의 장기적인 건강과 브랜드 자산에 대한 투자는 단기 수익창출 활동에 힘을 실어준다.

현재 성과에서 성공에 대한 비전으로 옮겨가기 위해 필요한 과정과 자원을 파악하라.

마케팅 지출은 단기 수익을 창출하고 장기 브랜드 가치를 구축함으로써 가치 창조를 형성할 수 있다. 진정한 마케팅 업무는 단순히 수익을 측정하는 것이 아니라 향상시키는 것이다.

_마이클 던,
프로핏 회장 겸 CEO

마케팅에 더 많은 돈을 사용한다고 흠이 있는 제품이나 서비스가 적합하게 변하는 것은 아니다. 또한 아무리 훌륭한 제품이라 하더라도 마케팅이 형편없으면 수포로 돌아갈 수 있다.

_마이클 던,
프로핏 회장 겸 CEO

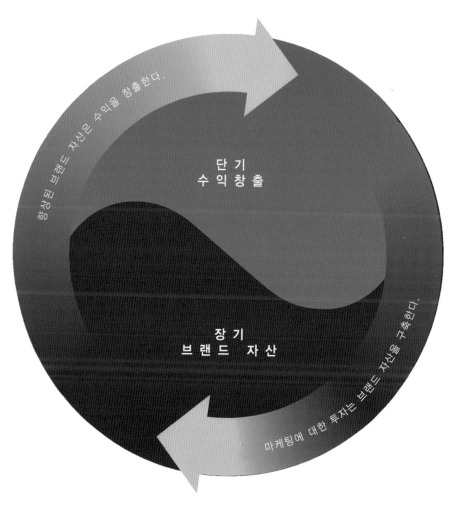

향상된 브랜드 자산은 수익을 창출한다.

단 기
수 익 창 출

장 기
브 랜 드   자 산

마케팅에 대한 투자는 브랜드 자산을 구축한다.

# 메트릭 Metrics

기존 성과와 잠재 성과의 격차에 대한 조사는 전략상 우
선순위를 결정하고 자원을 평가해 결정을 이끌어 내어
단계를 결정하는 데 도움이 된다. 성공에 대한 당신의 비
전은 무엇이며, 지속적인 향상을 알리기 위해 어떤 메트
릭을 사용할 수 있는가? 동종 업계의 다른 브랜드를 조
사하는 것도 중요하다. 모범적인 리더들에게서 포착한
메트릭이 있는가? 격차를 염두에 두고 현재 당신이 있는
곳과 당신이 가고자 하는 곳의 기준을 정하라.

> 앞으로 측정하고자 하는 특정 메트릭을 결정하라. 지속적인 향
> 상을 위한 전략과 계획을 알리기 위해 편견이 개입되지 않은 데
> 이터를 이용하라.

성과를 정확하게 측정하려면 메트릭
을 확립해야 한다.
  _하이디 콜드웰Heidi Caldwell,
       브랜드 컨설턴트

먼저 어떤 존재가 되고 싶은지 말하
라. 그러고 나서 해야 할 일을 하라.
       _에픽테토스Epictetus

무엇을 측정하느냐에 따라 결과는 달
라진다.
       _블레이크 듀치

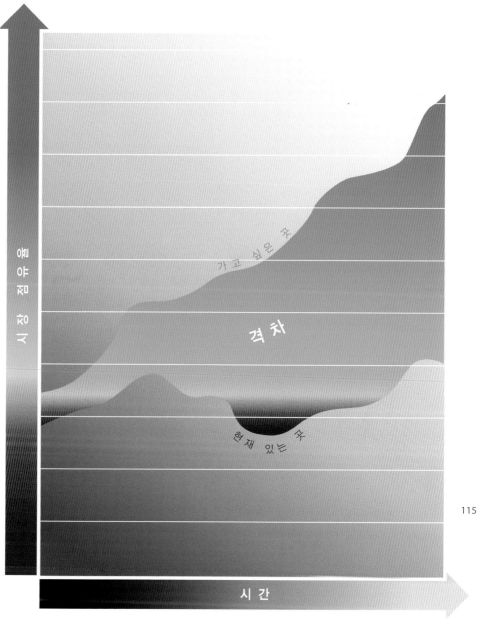

# 싸움 혹은 도주 Fight or Flight

각각의 브랜드 이니셔티브는 상당히 긍정적인 생각에서 시작된다. '모든 것이 제자리에 있을 거야.' CEO는 투자를 아끼지 않고, 팀 리더는 우선순위를 결정해 브랜딩 업체 선정도 수월하게 진행될 것이라 기대한다. 하지만 피할 수 없는 위기가 닥쳐 목표 달성에 걸림돌이 되기도 한다. 심지어 결과를 달성할 수 있는 지식, 경험, 지혜를 모두 겸비했을 때조차도 프로세스가 삐걱댈 수 있다. 이는 무언가를 결정해야 하는 순간이기 때문에 싸움 혹은 도주의 순간이라고 불린다. 피할 수 없는 장애물을 극복한 팀은 더욱 강해진다.

목표를 눈에 보이는 곳에 두고 큰 그림에 초점을 맞춰라. 도중에 장애물이나 후퇴의 상황을 맞이할 것을 기대하라. 대화하기 어려울 때일수록 모든 팀원의 용기를 북돋아 줘라.

인생에서 끊임없이 반복되는 상황을 다루는 능력은 열망을 달성하기 위해 더 높은 수준으로 도달할 능력을 보여주는 지표 역할을 한다.
_댄 칼리스타Dan Calista,
바이나믹 CEO

길을 막고 있는 장애물에 대한 이해를 공유함으로써 팀은 더 현명한 프로세스를 개발하고 더욱 의미 있는 결과를 달성할 수 있다.
_지니 밴더슬라이스Ginny Vanderslice,
프락시스 컨설팅 그룹 대표

프로젝트 중 의미 있는 위기를 극복하고 나면 많은 것을 배우고 동시에 긍정적인 사고를 할 수 있으므로 결승점에 도달하는 데 도움이 된다.
_블레이크 듀치

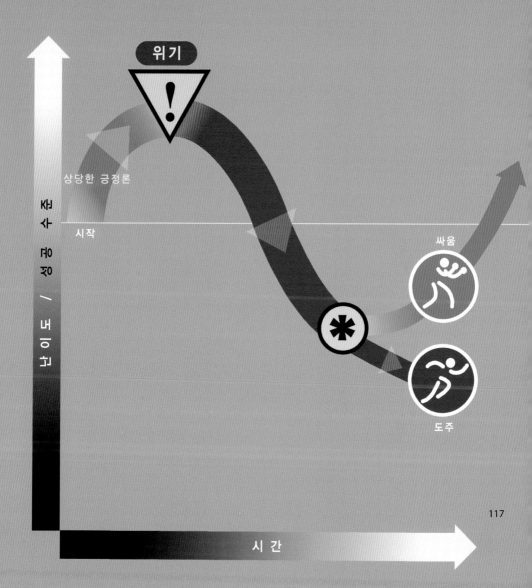

# 유일성 테스트 Onliness Exercise

태양의 서커스는 동물이 없는 유일한 서커스단이다. 정말로 차별화된 '유일한Only' 브랜드, 제품, 서비스라는 주장에는 가공할 만한 힘이 있으며, 경쟁 우위를 증폭시킨다. 볼보Volvo는 자동차 브랜드로는 처음으로 안전을 가치 제안으로 내걸었다. 할리 데이비슨Harley Davidson은 라이더Rider의 열정을 토대로 한 브랜드로서 수백만 명의 고객을 열광시켰다. 마티 뉴마이어는 "경쟁 브랜드와의 차이점을 간략하게 설명할 수 없다면 다시 제도판으로 돌아가야 한다"고 말했다.

팀원들과 함께 모여 유일성을 보여주는 문장에 대해 브레인스토밍하라. 처음에는 무겁지 않게 즐겁게 하라. 그러다 진지해지면 브랜드 포지셔닝이나 차별화를 다시 구성해야겠다는 계시를 받을 수도 있다.

만약 당신의 브랜드가 어떻게 차별화되었는지, 왜 매력적인지 말할 수 없다면 그건 유일성을 보여주는 문장이 아니다. 전략을 수정하라.
_마티 뉴마이어,
『브랜드 반란을 꿈꾸다』

오늘날 진짜 경쟁은 회사가 아니라 혼란에서 나온다.
_마티 뉴마이어,
『브랜드 반란을 꿈꾸다』

# **유일성** 테스트

| | | |
|---|---|---|
| 우리의 **[제품]**은 | [태블릿 PC] | |
| | [자동차] | |
| | [음료수] | |
| | [가구] | |
| | | |
| 단 하나의 **[혜택]** | [절대 충돌하지 않는] | |
| | [적절한 압력을 유지하는] | |
| | [첨가제가 들어 있지 않은] | |
| | [모두 재활용이 가능한] | |
| | | |
| 유일한 **[특징]**을 지니고 있다. | [운영체계] | |
| | [타이어] | |
| | [재료] | |
| | [자재] | |

# 지각도 기법 Perceptual Mapping

지각도 기법은 전략적인 계획 툴로서 브랜딩 팀이 경쟁
브랜드와 비교해 자신의 브랜드를 볼 수 있도록 도와준
다. 제대로 사용하면 제품을 어떻게 포지셔닝할 것인지,
어떤 새로운 시장에 진입할 것인지 결정하는 데 도움이
된다. 이 과정에서 팀은 다양한 속성을 적용하게 된다.
일반적으로 그래프의 세로축은 가격, 가로축은 품질을
나타낸다. 그러나 속도, 지속가능성, 기술과 같은 기능
적 속성이나 열정, 신뢰 같은 정서적 속성을 이용할 수도
있다.

소비자에게 호소력이 있는 속성을 기준으로 다양한 지각도를
작성하라. 당신에게 유리한 기회가 있는 영역은 어디인가?

위대해야만 시작할 수 있는 것이 아니
라 시작을 해야만 위대해질 수 있다.
_**지그 지글러**Zig Ziglar

마케팅에서 전략과 타이밍은 해발 8
천848m의 히말라야 산맥Himalayas
과도 같다. 그 밖에 모든 것은 해
발 1천277m의 캐츠킬산맥Catskills
Mountains과 같다.

_**알 리스**

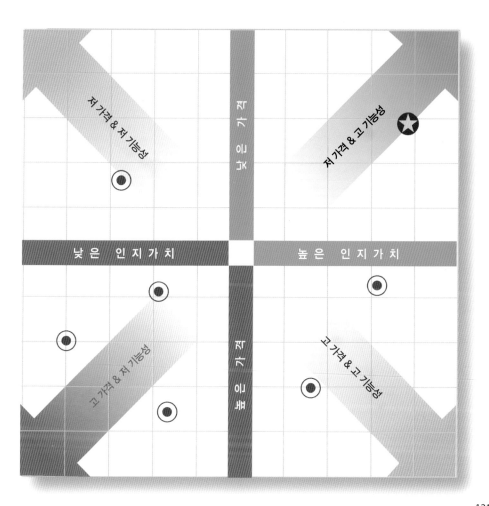

 당신의 브랜드

 경쟁사

# SWOT 활동 SWOT Exercise

강점Strength, 약점Weakness, 기회Opportunities, 위협 Threats, 즉 SWOT 분석은 전략적인 계획 툴 중 하나다. 잘 활용하면 위협을 기회로, 약점을 강점으로 바꿀 수 있 다. SWOT 분석의 구조를 이용하면 이니셔티브를 지지 하거나 혹은 갉아먹을 내외부의 힘을 파악할 수도 있다. 강점과 약점은 혜택 혹은 걸림돌이 되는 내적 요인이다. 기회와 위협은 프로젝트의 결과에 영향을 미치는 외적 요인이다. SWOT 분석은 강점을 기회에 맞추거나 약점 을 강점으로 바꿀 수 있는 기회로 안내한다.

내부의 강점과 약점을 정직하게 평가하려면 용기와 열린 마음 이 필요하다. 이 활동은 여러 부서가 함께 참여할 때 가장 효과 적이다.

당신은 당신이 믿는 것보다 더 용감 하고, 보이는 것보다 더 강하고, 생각 하는 것보다 더 똑똑하다.
_크리스토퍼 로빈Christopher Robin

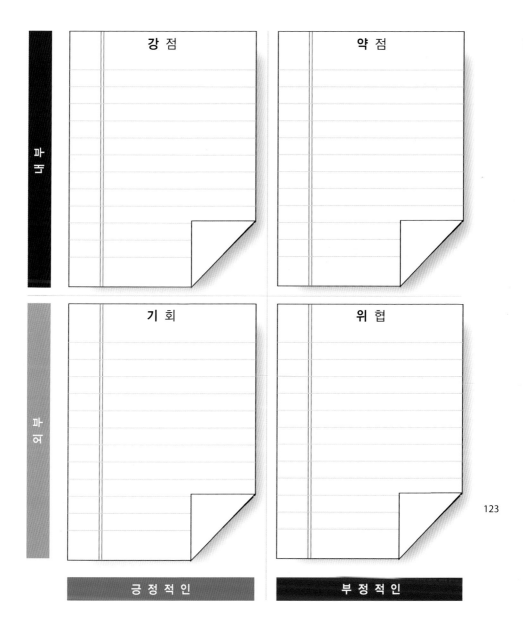

강 점

약 점

내부

기 회

위 협

외부

긍 정 적 인

부 정 적 인

123

# 플로 Flow

창의적인 프로세스에 자발적으로 성실하게 몰입하는 것을 플로라고 할 수 있다. 심리학자 미하이 칙센트미하이 Mihaly Csíkszentmihályi는 플로란 '도전에 직면했을 때 몰입하고 집중하는 것'이라고 설명했다. 그는 기업에서 플로를 위한 무대를 마련하는 방법에 대해 제안했다. 여기에는 다음과 같은 사항이 포함된다.

- 모두가 '다른 무언가가 유일한 안'이라고 말할지라도 자신의 안이 안전하다고 느끼기.
- 약간의 무모함을 조장하기.
- 시험해보기 위해 아이디어를 시제품으로 만들어보기.
- 참가자들 사이의 다른 점을 장애물이 아닌 기회로 보기.

플로를 촉진시키려면 명확한 목표를 선정하라. 이때 예측과 법칙을 구분할 수 있어야 하고, 목표 또한 성취 가능한 것이어야 한다.

삶의 질을 향상시키기 위해서 사용할 수 있는 2가지 전략이 있다. 첫 번째는 외부 환경을 자신의 목표에 맞추는 것이고 두 번째는 목표에 맞춰 외부 환경을 경험하는 방식에 변화를 주는 것이다.

_미하이 칙센트미하이,
『몰입, Flow』

시간은 쏜살같다. 모든 행동, 움직임, 생각은 과거의 행동과 움직임을 뒤따르게 마련이다. 마치 재즈를 연주할 때처럼 말이다.

_미하이 칙센트미하이,
『몰입, Flow』

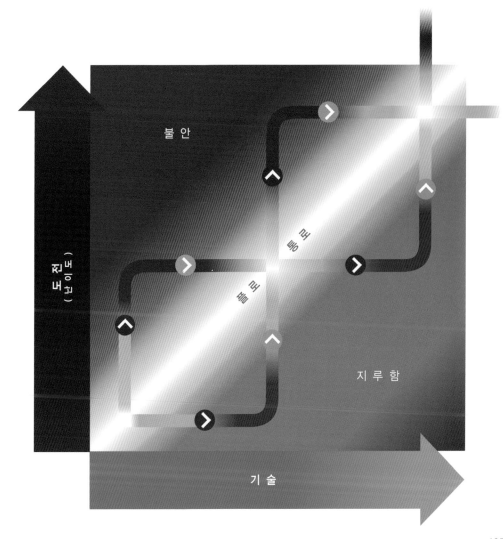

불안

지루함

기술

도전(능력)

몰입

몰입

# 4
# 세부사항

# 브랜드 질문 Brand Questions

다음 질문으로 팀과 대화를 시작해보라.

- 당신은 누구인가?
- 누가 알아야 하는가?
- 그들이 왜 관심을 가져야 하는가?
- 그들은 어떻게 찾을 것인가?
- 왜 당신의 브랜드가 필요한가?
- 만약 당신의 브랜드가 존재하지 않는다면, 누군가 알아차릴 것인가?
- 수익창출 이외에 어떤 목적을 갖고 있는가?
- 고객이 구매하는 것을 쉽게 만드는가?
- 판매사원이 판매하는 것을 쉽게 만드는가?
- 직원이 브랜드를 포용하는 것을 쉽게 만드는가?
- 당신의 직원은 당신의 비전을 이해하는가?
- 당신이 최고경쟁자 3명은 누구인가?
- 당신은 업계 최고 경쟁자들과 어떻게 다른가?
- 당신의 브랜드는 문화적 차이를 존중하는 마음을 어떻게 표현하는가?
- 고객의 라이프스타일에 대해 어떤 인사이트를 갖고 있는가?
- 당신의 고객이 사용하고 있는 새로운 기술을 포용하는가?
- 마지막으로 혁신한 것이 언제인가?
- 당신의 브랜드는 당신의 고객과 어떻게 정서적으로 연결되어 있는가?
- 다른 도시에 있는 동료와 의사소통을 하기 위해 어떤 플랫폼을 사용하는가?
- 브랜드 가이드라인이 있는가?
- 직원과 판매 회사는 당신 브랜드의 가이드라인에 어떻게 접근하는가?
- 위기 상황에 대비한 커뮤니케이션 전략이 있는가?
- 당신의 조직에는 우뇌 위주의 사고를 하는 사람이 있는가?
- 당신의 문화는 얼마나 협력적인가?
- 당신의 내부 문화가 소비자의 눈에 보인다는 사실을 믿는가?
- 당신 직원들은 어떻게 브랜드 구축에 참여하는가?
- 당신의 미션 선언문은 캐비닛 안에 있는가, 아니면 벽에 걸려 있는가?
- 당신은 고객에게 어떤 종류의 경험을 제안하는가?
- 당신의 경쟁사는 고객에게 어떤 종류의 경험을 제안하는가?
- 내부 브랜드 감사를 실시한 적이 있는가?

- 마케팅 채널 전반에 걸쳐 경쟁 관련 감사를 실시한 적이 있는가?
- 트위터를 사용하는가?
- 페이스북 페이지를 갖고 있는가?
- 블로그를 작성하는가?
- 당신의 광고에서 로고를 가려도 사람들이 당신의 광고임을 알 수 있는가?
- 당신의 디지털 기기로 당신의 웹사이트를 본 적이 있는가?
- 디지털 기기에서 글씨를 쉽게 읽을 수 있도록 웹사이트를 수정했는가?
- 마지막으로 전화를 건 때가 언제인가?
- 고객이 당신의 브랜드, 제품 혹은 서비스에 대해 하는 말을 어떻게 듣는가?
- 한밤중에 당신의 회사에 전화를 걸었는데, 음성 사서함으로 곧바로 넘어간 적이 있는가?
- 회사 웹사이트에 나온 이메일 주소로 이메일을 보냈는데, 3일이 지나고서야 답장을 받은 적이 있는가?
- 이메일 프로토콜 가이드라인이 있는가?
- 당신 제품의 포장을 직접 뜯어본 적이 있는가?
- 더 나은 제품과 서비스를 만들기 위해 오픈소스를 어떻게 사용할 수 있는가?
- 자선활동 기금 마련을 위해 크라우드소싱을 어떻게 사용할 수 있는가?
- 어떻게 고객과의 신뢰를 구축하는가?
- 소셜네트워크를 포함하는 커뮤니케이션 전략이 있는가?
- 당신의 브랜드와 조직은 어떻게 다른가?
- 어떻게 하면 당신의 제품이 더욱 지속가능할 수 있는가?
- 당신의 조직은 어떻게 성공을 측정하는가?
- 당신의 노동관행은 얼마나 투명한가?
- 당신의 직원은 법 순수 판련 문제에 대해서 이해하고 있는가?
- 누가 브랜딩에 대한 책임을 지고 있는가?
- IT 부서 사람들이 고객서비스 부서 사람들과 이야기를 나누는가?
- 마지막으로 내부 메시지 감사를 실시한 때가 언제인가?
- 브랜드의 초점을 좁혀야 하는가?
- 제안을 좁혀야 하는가, 아니면 넓혀야 하는가?
- 마지막으로 고객을 즐겁게 해준 것이 언제인가?

# 프로젝트 매니저의 요건 Project Management Best Practices

프락시스 컨설팅 그룹의 지니 밴더슬라이스 박사 개발
『브랜드를 죽이는 살리는 디자인』에서 발췌(번역본 p.247)

---

### 집중력

큰 그림을 보고 동시에 세부적인 부분을 볼 수 있는 능력을 지녀야 한다. 또한 난관에 부딪히더라도 멈추지 말고 계속해서 나아가야 한다.

---

### 경험

계획은 물론이고 다양한 업무를 다룰 수 있어야 한다. 더불어 일정과 비용도 관리할 수 있어야 한다.

---

### 커뮤니케이션 능력

적절한 태도로 적절한 시기에 팀원들에게 정보를 명료하게 전달해야 한다.

---

### 수용성

프로젝트의 모든 관계자의 관점, 전망, 의견을 듣고 필요한 경우 태도를 취해야 한다.

---

### 관리능력

필요성, 우선순위, 업무 분석, 의사 결정, 문제 해결 등에 대한 능력이 필요하다. 또한 적임자를 임명하는 일도 중요하다.

---

### 유연성

중간에 일이 잘 풀리지 않거나 예기치 못한 방향으로 흘러가더라도 상황을 통제하고 집중력을 유지해야 한다.

---

### 도전정신

문제가 나타나면 장애물로 보기보다는 도전과제로 보고 대응해야 한다.

---

### 직관력

정책, 절차, 기업 문화, 핵심 인물, 정치 문제 등에 대해 알아야 한다.

# 브랜드 의사결정 Brand Decisions

『브랜드를 죽이는 살리는 디자인』에서 발췌(번역본 p.251)

## 바람직한 의사결정 기구의 조건

- 마케팅 브랜드 챔피언으로 구성되어야 하며, 최고경영자가 직접 이끈다.
- 전체 프로세스를 핵심 이해관계자에게 명확하게 설명한다.
- 비전과 목표에 맞는 결정을 한다.
- 모든 구성원을 신뢰하고 존중한다.
- 창의적인 작업에 앞서 목표와 포지셔닝 전략에 대한 합의가 도출되어야 한다.
- 모든 관련 정보와 사건을 기록하고, 후에 다시 살펴볼 수 있게 정리한다.
- 항상 장단점에 대해 철저하게 논의한다.
- 조직의 모든 계급에게 브랜드에 대해 알리기 위해 노력한다.
- 표적 집단은 생각을 통제하기 위한 수단이 아니라 생각에 귀를 기울이기 위한 수단이다.
- 결정 내용은 먼저 내부에 공개한다.
- 기밀을 유지한다.

## 성공을 위한 중요한 요인

- 최고경영자가 이니셔티브를 지지한다.
- 기업은 시간, 자원, 지적 능력을 투자할 준비가 되어 있다.
- 모든 사람이 이해하고 동의한 종점이 있다.
- 성공 측정 방식에 대해 모든 사람이 동의한다.
- 결과물에 가치가 있다.

## 어려운 시나리오

- 최고경영자가 참여하지 않는다.
- 새로운 의사 결정자가 중간에 참여한다.
- 팀원들의 의견이 존중되지 않는다.
- 시간과 비용을 절감하기 위해 프로세스의 중요한 단계를 생략한다.
- 개인적인 기호나 취향을 전체 의견과 혼동한다.

## 인수나 합병 상황

- 재정적 이해관계가 높다.
- 기밀유지가 중요할 때 투입물을 얻기 어렵다.
- 시간이 촉박하고 긴장감이 감돈다.
- 이름과 마크를 맞춰야 한다.
- 모든 사람이 리더의 관심을 필요로 한다.
- 고객 혜택에 초점을 맞추는 것이 중요하다.

# 브랜딩 프로세스 Branding Process

브랜드에 다시 생기를 불어넣거나, 새로운 브랜드를 시작할 때 이 프로세스를 이용하라.

## 1단계: 리서치를 실시하라

- 비전, 전략, 가치관, 목표를 명확하게 하라.
- 이해관계자와 고객 경험에 대해 조사하라.
- 경영진, 직원, 파트너를 인터뷰하라.
- 마케팅, 경쟁 관련, 법률 관련 감사를 실시하라.
- 기존 브랜드와 브랜드 아키텍처를 평가하라.
- 인사이트와 기존의 조사 결과를 통합하라.

## 2단계: 전략을 명확히 하라

- 브랜드 전략과 브랜드 속성을 명확화하라.
- 포지셔닝 플랫폼을 개발하라.
- 브랜드 브리프를 작성하고, 합의를 도출하라.
- 핵심 메시지를 창조하라.
- 네이밍과 아이덴티티에 대한 창의적인 브리프를 작성하라.

## 3단계: 아이덴티티를 디자인하라

- 접점의 미래를 시각화하라.
- 브랜드 아이덴티티 관련 핵심 요인을 디자인하라.
- 경험을 찾아서 보고 느껴라.
- 브랜드 아키텍처 시나리오를 시험하라.
- 전략을 내놓고, 합의를 도출하라.

## 4단계: 접점을 창조하라

- 아이덴티티 디자인과 시스템을 마무리 지어라.
- 다양한 시나리오와 플랫폼을 테스트하도록 하라.
- 외관과 감각, 메시지를 다듬어라.
- 상표를 보호하기 시작하라.
- 어플리케이션에 우선순위를 매기고 디자인하라.

## 5단계: 자산을 관리하라

- 기준과 가이드라인을 개발하라.
- 출시 전략과 계획을 세워라.
- 먼저 직원들을 대상으로 내부에서 출시하라.
- 고객과 세상을 대상으로 외부에서 출시하라.
- 시너지를 구축하라. 브랜드 챔피언의 성장을 촉진시켜라.
- 브랜드 감독을 약속하라.

# 빅 아이디어 프로세스 Big Idea Process

브랜드의 빅 아이디어를 결정할 때 다음 리서치 프로세스를 이용하라.

## 1단계: 이해하라

- 비전
- 가치
- 미션
- 가치 제안
- 문화
- 표적 시장
- 세부 시장
- 이해관계자의 인식
- 서비스
- 제품
- 인프라스트럭처
- 마케팅 전략
- 경쟁
- 트렌드
- 가격
- 유통
- 리서치
- 환경
- 경제
- 사회정치학
- 강점 · 약점
- 기회
- 위협

## 2단계: 명확화하라

- 핵심 가치
- 브랜드 속성
- 경쟁 우위
- 브랜드 전략

## 4단계: 브랜드 에센스를 결정하라

- 핵심 아이디어
- 통합 개념
- 핵심 메시지
- 보이스 & 톤

## 3단계: 포지셔닝하라

- 차별화
- 가치 제안
- 비즈니스 카테고리

## 결정: 빅 아이디어

- 브랜드 에센스

# 참고문헌

Aaker, David A. Managing Brand Equity: Capitalizing on the Value of a Brand Name. New York: The Free Press, 1991.

Aaker, David A. and Erich Joachimsthaler. Brand Leadership: The Next Level of the Brand Revolution. New York: The Free Press, 2000.

Aaker, David A. Brand Portfolio Strategy: Creating Relevance, Differentiation, Energy, Leverage, and Clarity. New York: Free Press, 2004.

Adamson, Allen P. BrandSimple: How the Best Brands Keep It Simple and Succeed. New York: Palgrave Macmillan, 2006.

Adamson, Allen P. BrandDigital: Simple Ways Top Brands Succeed in the Digital World. New York: Palgrave Macmillan, 2008.

Anderson, Chris. The Long Tail: Why the Future of Business Is Selling Less of More. New York: Hyperion, 2006.

Anderson, Chris. Free: The Future of a Radical Price. New York: Hyperion, 2009.

Bhargava, Rohit. Personality Not Included: Why Companies Lose Their Authenticity—And How Great Brands Get It Back. New York: McGraw-Hill, 2008.

Brogan, Chris and Julien Smith. Trust Agents: Using the Web to Build Influence, Improve Reputation, and Earn Trust. Hoboken, NJ: John Wiley & Sons, Inc., 2009.

Collins, James C. and Jerry I. Porras. Built to Last: Successful Habits of Visionary Companies. New York: HarperCollins, 2002.

Collins, Jim. Good to Great: Why Some Companies Make the Leap...And Others Don't. New York: HarperCollins, 2001.

Collins, Jim. How the Mighty Fall: And Why Some Companies Never Give In. New York: HarperCollins, 2009.

Covey, Stephen R. Principle-Centered Leadership. New York: Fireside, 1992.

Csíkszentmihályi, Mihaly. Finding Flow: The Psychology of Engagement with Everyday Life. New York: Basic Books, 1997.

Davis, Scott M. Brand Asset Management: Driving Profitable Growth Through Your Brands. San Francisco: John Wiley & Sons, Inc., 2000.

Deal, Terrence E. and Allan A. Kennedy. Corporate Cultures: The Rites and Rituals of Corporate Life. New York: Perseus Books Publishing, 2000.

Drucker, Peter F. Innovation and Entrepreneurship: Practice and Principles. New York: HarperCollins, 1993.

Dunn, Michael and Chris Halsall. The Marketing Accountability Imperative: Driving Superior Returns on Marketing Investments. San Francisco: John Wiley & Sons, Inc., 2009.

Evans, Dave. Social Media Marketing: An Hour a Day. Indianapolis: Wiley Publishing, Inc., 2008.

Fried, Jason and David Heinemeier Hansson. Rework. New York: Crown Business, 2010.

Friedman, Thomas L. The World Is Flat: A Brief History of the Twenty-First Century. New York: Farrar, Straus and Giroux, 2005.

Fung, Victor K., William K. Fung, and Yoram (Jerry) Wind. Competing in a Flat World: Building Enterprises for a Borderless World. Upper Saddle River, NJ: Pearson Education, Inc., 2008.

Gladwell, Malcolm. Blink: The Power of Thinking Without Thinking. New York: Little, Brown and Company, 2005.

Godin, Seth. Tribes: We Need You to Lead Us. New York: Penguin Group, 2008.

Godin, Seth. Linchpin: Are You Indispensable? New York: Penguin Group, 2010.

Hartness, Jim and Neil Eskelin. The 24-Hour Turn-Around. Grand Rapids, MI: Fleming H. Revell, 1993.

Hawking, Stephen. The Illustrated Brief History of Time. New York: Bantam Books, 1996.

Hawking, Stephen. The Universe in a Nutshell. New York: Bantam Books, 2001.

Heath, Chip and Dan Heath. Made to Stick: Why Some Ideas Survive and Others Die. New York: Random House, 2007.

Heller, Robert and Tim Hindle. Communicate Clearly. New York: DK Publishing, Inc., 1998.

Howe, Jeff. Crowdsourcing: Why the Power of the Crowd Is Driving the Future of Business. New York: Three Rivers Press, 2009.

Hsieh, Tony. Delivering Happiness: A Path to Profits, Passion, and Purpose. New York: Business Plus, 2010.

Kerzner, Harold. Project Management: A Systems Approach to Planning, Scheduling, and Controlling. Hoboken, NJ: John Wiley & Sons, Inc., 2009.

Kotler, Philip and Kevin Lane Keller. Marketing Management. Upper Saddle River, NJ: Prentice Hall, 2009.

Kuhlmann, Arkadi and Bruce Philp. The Orange Code: How ING Direct Succeeded by Being a Rebel with a Cause. Hoboken, NJ: John Wiley & Sons, Inc., 2009.

Laurel, Brenda. Computers as Theatre. Boston: Addison-Wesley Longman, 1993.

Lindstrom, Martin. Brand Sense: Build Powerful Brands through Touch, Taste, Smell, Sight, and Sound. New York: Free Press, 2005.

Maeda, John. The Laws of Simplicity: Design, Technology, Business, Life. London: MIT Press, 2006.

Martin, Patricia. Tipping the Culture: How Engaging Millennials Will Change Things. Chicago: LitLamp Communications, 2010. PDF e-book.

Martin, Roger. The Design of Business: Why Design Thinking Is the Next Competitive Advantage. Boston: Harvard Business Publishing, 2009.

Mok, Clement. Designing Business: Multiple Media, Multiple Disciplines. San Jose, CA: Adobe Press, 1996.

Mollerup, Per. Brand Book: Branding. Copenhagen: Børsens Forlag, 2008.

Neumeier, Marty. The Brand Gap: How to Bridge the Distance between Business Strategy and Design. Indianapolis: New Riders, 2003.

Neumeier, Marty. Zag: The Number One Strategy of High-Performance Brands. Berkeley, CA: New Riders, 2006.

Neumeier, Marty. The Designful Company: How to Build a Culture of Nonstop Innovation. Berkeley, CA: New Riders, 2009.

Olins, Wally. On Brand. New York: Thames and Hudson, 2004.

Olins, Wally. The Brand Handbook. London: Thames and Hudson, 2008.

Peters, Tom. Re-imagine! Business Excellence in a Disruptive Age. London: Dorling Kindersley Limited, 2003.

Peters, Tom. The Little Big Things: 163 Ways to Pursue Excellence. New York: HarperCollins, 2010.

Phillips, Robbin, Greg Cordell, Geno Church, and Spike Jones. Brains on Fire: Igniting Powerful, Sustainable, Word of Mouth Movements. Hoboken, NJ: John Wiley & Sons, Inc., 2010.

Pine, B. Joseph II and James H. Gilmore. The Experience Economy: Work Is Theatre & Every Business a Stage. Boston: Harvard Business Publishing, 1999.

Pink, Daniel H. A Whole New Mind: Why Right-Brainers Will Rule the Future. New York: Penguin Group, 2009.

Pink, Daniel H. Drive: The Surprising Truth About What Motivates Us. New York: Riverhead Books, 2009.

Pinker, Steven. How the Mind Works. New York: W.W. Norton & Company, 2009.

President and Fellows of Harvard College. Harvard Business Review on Brand Management. Boston: Harvard Business Publishing, 1999.

Reynolds, Garr. Presentation Zen: Simple Ideas on Presentation Design and Delivery. Berkeley, CA: New Riders, 2008.

Rhodes, Jerry. Conceptual Toolmaking: Expert Systems of the Mind. Cambridge, MA: Blackwell Publishers, 1994.

Ries, Al and Jack Trout. The 22 Immutable Laws of Marketing: Violate Them at Your Own Risk. New York: HarperBusiness, 1993.

Ries, Al and Jack Trout. Positioning: The Battle for Your Mind. New York: McGraw-Hill, 1994.

Sawhney, Mohanbir. "Branding in Technology Markets" in Kellogg on Branding: The Marketing Faculty of the Kellogg School of Management. Alice M. Tybout and Tim Calkins, eds. Hoboken, NJ: John Wiley & Sons, Inc., 2005.

Schmitt, Bernd and Alex Simonson. Marketing Aesthetics: The Strategic Management of Brands, Identity, and Image. New York: Free Press, 1997.

Schmitt, Bernd. Customer Experience Management: A Revolutionary Approach to Connecting with Your Customers. Hoboken, NJ: John Wiley & Sons, Inc., 2003.

Swaaij, Louise Van, Jean Klare and David Winner. The Atlas of Experience. New York: Bloomsbury Publishing, 2000.

Thaler, Linda Kaplan and Robin Koval. The Power of Nice: How to Conquer the Business World with Kindness. New York: Doubleday, 2006.

Wind, Yoram (Jerry) and Colin Crook. The Power of Impossible Thinking: Transform the Business of Your Life and the Life of Your Business. Upper Saddle River, NJ: Pearson Education, 2005.

Wurman, Richard Saul. Information Anxiety. New York: Doubleday, 1989.

Wurman, Richard Saul. Information Anxiety 2. Indianapolis: Que, 2001.

Zappos.com. Zappos.com 2009 Culture Book. Zappos.com, Inc., 2009.

# 출처

**Experience diagram**, page 29
Adapted with permission from B. Joseph Pine II and James H. Gilmore, The Experience Economy: Work Is Theatre & Every Business a Stage(Boston: Harvard Business Publishing, 1999).

**Passion diagram**, page 31
Inspired by Seth Godin

**The Cloud**, page 35

**Mobility**, page 39
Earth image courtesy of NASA

**Placemaking diagram**, page 45
Adapted with permission from B. Joseph Pine II and James H. Gilmore, Figure 2-2, The Placemaking Portfolio in Full in Authenticity: What Consumers Really Want(Boston: Harvard Business Publishing, 2007).

**Purpose diagram**, page 59
Inspired by Jim Collins's hedgehog concept

**Brand Identity Model diagram**, page 61
Adapted with permission from David A. Aaker, Building Strong Brands(New York: The Free Press, 1996).
Sir Richard Branson photograph reproduced with permission from UPI.
Plane interior photograph by Duane Storey.

**Brand as Asset diagram**, page 73
Adapted with permission from Marty Neumeier, The Brand Gap: How to Bridge the Distance between Business Strategy and Design(Indianapolis: New Riders, 2003).

**Brand Extensions diagram**, page 75
Adapted with permission from Scott M. Davis, Brand Asset Management: Driving Profitable Growth Through Your Brands(San Francisco: John Wiley & Sons, Inc., 2000).

**Good and Different diagram**, page 87
Adapted with permission from Marty Neumeier, Zag: The Number One Strategy of High-Performance Brands (Berkeley, CA: New Riders, 2006).

**Culture diagram**, page 95
Adapted with permission. © Hanley Brite, Authentic Connections, Inc.

**Time Management diagram**, page 99
Adapted with permission from Stephen R. Covey, First Things First. London: Simon & Schuster, 1994.

**Competencies diagram**, page 103
Adapted with permission from Michael Dunn and Chris Halsall, The Marketing Accountability Imperative: Driving Superior Returns on Marketing Investments(San Francisco: John Wiley & Sons, Inc., 2009).

**Insight diagram**, page 105
Cloud photograph © Trish Thompson

**Customer-centric diagram**, page 111
Adapted with permission from Mohanbir Sawhney, "Branding in Technology Markets" in Kellogg on Branding: The Marketing Faculty of the Kellogg School of Management, Alice M. Tybout and Tim Calkins, eds.(Hoboken, NJ: John Wiley & Sons, Inc., 2005).

**Onliness Exercise diagram**, page 119
Adapted with permission from Marty Neumeier, Zag: The Number One Strategy of High-Performance Brands(Berkeley, CA: New Riders, 2006).

**Flow diagram**, page 125
Adapted with permission from Mihaly Csíkszentmihályi, Finding Flow: The Psychology of Engagement with Everyday Life. New York: Basic Books, 1997.

**Authors' portraits**, page 144
© Ed Wheeler

137

# 찾아보기

138

# 작가의 생각

『브랜드 아틀라스』는 정보의 과부하가 나타나는
세상에서 브랜드 관련 정보를 다시 마음에 그리
며 다시 생각해보면 좋겠다는 바람에서 시작되
었다. 방대한 브랜드 관련 사고를 증류해서 의미
있는 대화를 시작할 수 있을 만큼의 내용만 제공
하면 어떨까? 개념, 프로세스, 툴을 설명하기 위
해 눈에 띄는 그림을 이용하면 어떨까? 방대한
글과 최소한의 그림이라는 기존 틀을 뒤엎고, 시
각적인 학습을 좋아하는 사람을 위한 비즈니스
서적을 만들면 어떨까?

『브랜드 아틀라스』는 신세대 브랜드 구축자
를 위해 디자인되었다. 기존 사고가 충분히 포괄
적이고 지적이라면 왜 또 다른 브랜딩 서적이 필
요할까? 우리는 시장의 역학관계, 기본적인 브
랜드 개념, 브랜드 관리 툴과 프로세스를 시각화
하고 통합하는 색다른 책이 필요한 때가 되었다
고 생각한다. 또한 브랜드의 기본에 대해서 빨리
배우고는 싶지만 시간이 없는 독자의 마음을 알
아주고 싶었다. 아울러 우리는 인쇄된 책에서부
터 작은 휴대폰 화면에 이르기까지 고객의 경험
을 고려하고자 했다.

내용을 선별하고 55개의 그림을 디자인하는
일은 힘들기도 했지만 보람 있었다. 데이터를 시
각화하는 일은 흔히 접할 수 있으며 대부분 소프
트웨어로 작업한다. 하지만 우리는 데이터보다
는 아이디어와 개념을 시각화하는 독자적인 그
림을 만들길 원했다. 기술이 너무도 자극적이고
강력해진 나머지 때때로 우리는 눈앞에 놓인 가
장 의미 있는 작품에는 눈길조차 주지 못한다.
독자적이며 빅 아이디어에 대해서 생각하고 더
나은 미래를 디자인하는 그런 작품 말이다.

그림을 디자인할 때 단순함, 명료함, 지속성
은 지향하고, 혼란을 초래하거나 오해의 소지
가 있거나 쓸데없는 데이터는 지양했다. 성공적

인 그림 디자인에 대해서 이야기하기 시작하면
또 다른 책 한 권은 써야 할 것이다. 『브랜드 아
틀라스』에서 그림은 이해를 향상시키고, 복잡한
내용을 단순화시키고, 사건의 전개 방식을 설명
하고, 부분과 전체의 관계를 조명하기 위한 존재
다. 그 과정에서 예측가능성이나 중복성이 없고
단순하면서도 강력한 일관성 있는 시각적 언어
를 현실로 옮기는 일이 특히 어려웠다.

『브랜드 아틀라스』는 우리가 꿈꿔온 공동 작
품이다. 우리의 역사는 30년 전에 시작되었다.
1980년과 1992년 사이 우리는 카츠 휠러 디자
인Katz Wheeler Design의 주역이었다. 그때나 지
금이나 우리의 강점은 옳은 일을 하기 위해서는
무엇이든 감수하는 확고한 헌신이다. 훌륭함에
대한 우리 두 사람의 정의는 비슷하지만 그 밖의
영역에서는 서로 많이 다르다. 원래 간결함이라
는 목표를 달성하는 것도 쉽지 않은데 서로 다른
두 사람이 함께 작업하는 것은 일종의 도전과도
같았다.

우리의 공동 연구는 곳곳에서 진행되었다. 대
부분은 필라델피아에서 이뤄졌지만, 2009년과
2010년 조엘이 파리와 로마에서 지내며 영역을
확대했다. 앨리나는 가능할 때에는 대부분 애디
론댁 산맥Adirondacks에 있는 자신의 집, 스카이
라이트Skylight에서 작업했다.

길고도 힘들었던 과정을 돌아보면서 이렇게
물어본다. 또다시 이런 프로젝트를 할 것인가?
물론 할 것이다. 우리는 도전을 통해 성장한다.
게다가 보상으로 협동적인 프로세스와 이 책을
얻지 않았는가? 집필을 마무리한 지금 우리는 독
자와 동료의 피드백을 기다리고 있다. 그리고 이
책을 통해 대화에 불이 붙을 거라 확신한다.